非物质文化遗产的传承与传播研究

李　冰　著

山西人民出版社

图书在版编目（ＣＩＰ）数据

非物质文化遗产的传承与传播研究 / 李冰著. -- 太
原：山西人民出版社, 2023.8
ISBN 978-7-203-13017-8

Ⅰ. ①非… Ⅱ. ①李… Ⅲ. ①非物质文化遗产－研究
－中国 Ⅳ. ①G122

中国国家版本馆 CIP 数据核字(2023)第 156502 号

非物质文化遗产的传承与传播研究

策　　　划：山东瑞天书刊有限公司
著　　　者：李　冰
责任编辑：孙　茜
复　　　审：贾　娟
终　　　审：梁晋华
装帧设计：瑞天书刊

出 版 者：山西出版传媒集团·山西人民出版社
地　　　址：太原市建设南路21 号
邮　　　编：030012
发行营销：0351-4922220　4955996　4956039　4922127（传真）
天猫官网：https://sxrmcbs.tmall.com　电话：0351-4922159
E-maill：sxskcb@163.com 发行部
　　　　　sxskcb@126.com 总编室
网　　　址：www.sxskcb.com

经 销 者：山西出版传媒集团·山西人民出版社
承 印 厂：济南文达印务有限公司
开　　　本：710mm×1000mm　　　1/16
印　　　张：13.5
字　　　数：205 千字
版　　　次：2024 年5月　第1版
印　　　次：2024 年5月　第1次印刷
书　　　号：ISBN 978-7-203-13017-8
定　　　价：58.00 元

如有印装质量问题请与本社联系调换

前　言

作为民族和民族文化的"活化石"以及区域"活态"的历史见证，非物质文化遗产是中华"软文化"不可或缺的组成部分。

作为人类文化记忆的特殊载体，非物质文化遗产构建了一种用于表达、维系多样性文化价值认同，并以共同性构建人类精神家园和精神秩序的特殊系统。世界各国都广泛关注非物质文化遗产的保护，这反映了人类对于其独特文化基因和文化身份的价值认同。然而，随着工业文明的迅速发展，人们所处的文化生态环境发生了巨大变化，人类的文化生存方式和观念相较之前大为不同，许多优秀的传统艺术、民间文学、民间习俗和手工技艺等文化遗产被工业文明所遗忘或忽视，这些逐渐与人们日常生活场景脱节的文化遗产难以再获得人们的价值关注和实践参与。因此，在现代工业文明的挑战下，非物质文化遗产面临严重的存在危机。

多年来，我们以中华非物质文化遗产为核心，以"在保护中传承，在传承中创新；为民族守艺，为文化存根"为宗旨，以培养民族文化传承创新职业人为目标，以传承文化、传习技艺为己任，改变传承脆弱的传统"非遗"保护方式，探索民族文化传承的新模式，促进民族文化教科研成果固化、深化和转化，发掘"非遗"文化的市场。

从"非遗"文化的保护与传播角度出发，我们在理论上全面探索了非物质文化遗产的可持续发展机制。通过这个角度，我们可以看到非物质文化遗产可持续发展对于构建文化认同体系的内在价值。同时，我们还可以观察到人们对非物质文化遗产价值的认同形式和路径特点，更深刻地认识到非物质文化遗产的传承、可持续发展与人们生活的价值关系，从而为非物质文化遗产保护事业的可持续发展寻找一条科学的道路。

目　录

第一章　非物质文化遗产概述

中国作为一个多民族国家，拥有悠久的历史，孕育了大量非物质文化遗产。这些遗产涵盖了艺术、宗教等领域，也包括了文献学、文学和手工艺等具有卓越价值的传统文化代表，是人类创造的杰作，也是世界文化的精髓。

非物质文化遗产（简称"非遗"）指被各群体、团体，有时为个人，视为其文化遗产组成部分的各种实践、观念表述、表现形式、知识、技能以及相关的工具、实物、手工艺品和文化场所。每个群体和团体都会根据其所处的环境、与自然界的关系以及历史条件的变化，对这些代代相传的非物质文化遗产进行持续的创新，并赋予它们独特的认同感和历史感。这种创新推动了文化的多样性发展，激发了人类创造力。对非物质文化遗产的概念、特点、现状以及分类系统等方面的理解是进行研究的基础和前提条件。

第一节　非物质文化遗产的概念

一、相关概念阐述

（一）文化遗产

在中国古文化典籍中，"文""化"最早见于战国末年的《易·贲卦·象传》："观乎天文，以察事变；观乎天下，以化成天下。"现代通行的"文化"一词其实来自对外语的意译，英国著名人类学家泰勒在 1871 年出版的《原始文化》中做出定义："文化，或文明，就其广泛的民族学意义来说，是包括全部的知识、信仰、艺术、道德、法律、风俗以及作为社会成员的人所掌握和接受的任何其他才能和习惯的复合体。"此时，文化并没有明确拓展到实物层面。

中国学者钟敬文将文化的范畴拓展到了实物层面。他认为："凡人类（具体点说，是各民族、各部落乃至于各氏族）在经营社会生活过程中，为了生存或发展的需要，人为地创造、传承和享用的东西，大都属于文化范畴。它既有物质的东西（如衣、食、住、工具及一切器物），也有精神的东西（如语言、文学、艺术、道德、哲学、宗教、风俗等），当然还有那些为取得生活物资而进行的活动（如打猎、农耕、匠作等）和为延续人种而存在的家族结构以及其他各种社会组织。"

"遗产"作为名词最早见于《后汉书》："（郭）丹出典州郡，入为三分，而家无遗产，子孙困匮。"这里指先人遗留、遗存的物质属性财产或财物。现代意义上的"遗产"包含了非艺术、非历史的方面，涉及自然遗产、科学技术遗产以及传统和民俗方面的遗产。因此，现代意义上的"遗产"指"人类历史上遗留下来的精神财富的总和。"

1972 年联合国教科文组织颁布的《保护世界文化与自然遗产公约》中关于"文化遗产"的定义是："文化遗产包括具有重要历史、艺术或科学价值的建筑物、碑刻、碑文以及考古遗址组成部分或构筑物，例如石碑、石窟和建筑群等。建筑群指的是一组独立或相互关联的建筑物，在建筑风格、分布以及与周围环境的和谐统一方面具有显著的普遍性，在历史、艺术和科学上都具有重要价值。遗址则是指那些具有显著普遍价值的人工或自然遗迹，包括在历史、美学、人类学和民族学上有意义的工程，以及一些考古遗址。"

教科文组织对文化遗产的界定构成了明确的保护方向。然而，这种定义虽然扩展了"文化"概念，却在一定程度上忽略了文化本身的精神内涵以及遗产所具有的精神属性。

中国民间文化遗产抢救委员会对于"文化遗产"的定义是"人们所承袭的前人创造的文化或文化的产物"，既包括物质层面，也包括精神内涵。

1950年，日本颁布了一项重要的文化遗产保护法——《文化财产保护法》。《文化财产保护法》将其保护对象划分为有形文化、无形文化和民间文化三大类，包括历史名胜、自然遗迹和传统建筑群等。在此基础上，该法典还提出了八种不同的文化保护方法，并扩大了对非物质文化遗产的保护范围。受日本影响，韩国于1962年通过了《文化财产保护法》，把文化财产分为有形文化财产、无形文化财产、纪念物和民俗文化财产。韩国的《文化财产保护法》规定的无形文化财产是指历史、艺术、学术等方面具有较高价值的演剧、音乐、舞蹈、工艺技术以及其他无形的文化载体，主要强调传统表演艺术和民间技艺。

日本的《文化财产保护法》首次将文化遗产分为物质和非物质两个大类，这在国际上具有创新性，也是一种有益的尝试。联合国教科文组织在巴黎通过了《保护非物质文化遗产公约》，采纳了日本和韩国的做法，并以其相关理念为基础，对非物质文化遗产进行了有益的探索。

（二）非物质文化遗产

1.《保护非物质文化遗产公约》

2003年10月17日，联合国教科文组织第32届大会通过了《保护非物质文化遗产公约》（Convention for the Safeguarding of the Intangible Cultural Heritage），该公约使用了规范的非物质文化遗产概念，并详细界定了非物质文化遗产的概念及其包括的范围。

根据《保护非物质文化遗产公约》定义，非物质文化遗产（Intangible Cultural Heritage）指的是被各群体、团体，有时为个人，视为其文化遗产组成部分的各种实践、观念表述、表现形式、知识、技能以及相关的工具、实物、手工艺品和文化场所。每个群体和团体都会根据其所处的环境、与自然界的相互关系以及历史条件的变化，对这些代代相传的非物质文化遗产进行持续的创新，并赋予其文化认同感和历史感，从而推动文化多样性，激发人类的创造力。非物质文化遗产的内容主要包括口传、表传、以语言为载体的传统知识、行为艺术、社会实践、礼仪、节日以及对自然和宇宙的认识实践和民间工艺品等。

《保护非物质文化遗产公约》规定，在非物质文化遗产这一概念中，"非物质"指相对于满足人们基本物质生活需求的物质生产而言，满足人们精神生活需求的精神生产。在大多数情况下，非物质文化遗产以物质化的形式呈现，因此所说的"非物质"并不意味着与物质的隔离，而是更关注于以非物质形式存在于心灵世界中的创造性活动及其成果。

汉族的古琴、昆曲，维吾尔族的木卡姆，蒙古族的长调民歌，均是通过表演者、特定乐器、道具以及具体演出过程等物化载体与表达方式来实现的。然而，非物质文化遗产所强调的并不是这些物质层面的载体和表现形式，而是隐藏在这些物化形式之后的精湛技艺、独到的思维形式、丰富精神内涵等非物质内容。那么，我们如何区分有形和无形的东西呢？例如，"中国琴艺"已被教科文组织列为首批有代表性的非物质文化遗产。在这里，"古琴"是一件有形的物品，所以不是非物质文化遗产，同理，琴师们也不是非物质文化遗产，只有古琴的发明、作曲思想内涵等才算是非物质文化遗产。古琴、琴艺和琴师之间的关系充分展示了非物质文化遗产与其物质载体和物化形式之间的联系。

2.中国对"非物质文化遗产"概念的补充

《保护非物质文化遗产公约》所定义的非物质文化遗产的概念并不完全适应我国的实际情况，因此在联合国教科文组织公布该公约后，我国根据实际情况于 2005 年 3 月发布了《国家级非物质文化遗产代表作申报评定暂行办法》，重新对非物质文化遗产进行了界定。

非物质文化遗产指各族人民世代相传承的、与群众生活密切相关的各种传统文化表现形式（如民俗活动、表演艺术、传统知识和技能以及与之相关的器具、实物、手工制品等）和文化空间。定义涵盖以下六个方面：①口头传统，包括语言作为文化载体；②传统表演艺术；③民俗活动、礼仪、节庆；④民间传统知识和实践，涉及自然界和宇宙；⑤传统手工艺技能；⑥与上述表现形式相关的文化空间。

从上述非物质文化遗产的概念和涵盖的内容可以看出，非物质文化遗产主要体现人们的生产和生活方式。尽管许多非物质文化遗产项目需要通过物化形式来展示，但它主要是一种持续变化的、活跃的存在，并主要依赖口口相传的方式进行传承。活态流变性是其主要特征。相比之下，物质文化遗产更多地表现为固定的、静态的物质形式。因此，如果我们将物质文化遗产称为"固态文化遗产"，而将非物质文化遗产描述为"活态文化遗产"，将更加鲜明地体现这类文化遗产的本质特点。

作为一个多民族的国家，我国历史悠久，国土辽阔，文化灿烂，积累了非常丰富和独特的优秀文化遗产。首次列入联合国教科文组织《人类口头和非物质文化遗产名录》的有昆曲、古琴、新疆维吾尔木卡姆以及我国与蒙古国共同申报的蒙古族长调山歌。截至 2022 年，我国共有 42 项文化遗产纳入了《人类口头和非物质文化遗产名录》，其中包括传统的桑蚕织布技艺、京剧、皮影戏等；而《急需保护的非物质文化遗产名录》新增了 7 项文化遗产，其中包括羌族庆典习俗。国务院已公布了五批 1557 项国家级非物质文化遗产代表性项目，这既体现了中国拥有丰厚的文化遗产，也彰显了中国人在保护非物质文化遗产方面的积极努力。

那么，申报这些非物质文化遗产的目的是什么呢？其中最重要的作用是国家认同。这些遗产是"一个民族的身份证"，每一种文化都有自己独特、无可替代的价值观。而每个国家的传统与表现方式是证明自身存在的最佳方式。作为中国历史的见证，中华文化的主要载体，非物质文化遗产中蕴含着中华民族独特的精神价值观、思维方式、想象力和文化自觉，它们是中华民族活力与创造性的集中体现。在长时间的生产生活实践中，我国各族人民创造出了丰富多彩的非物质文化遗产，这些遗产是中华民族智慧与文明的结晶，是联系民族情感的纽带，也是保持国家统一的基础。

同时，非物质文化遗产的有效保护与利用，以及优秀文化传统的传承与弘扬对增强民族的自信心与凝聚力、促进经济社会发展、协调社会可持续发展至关重要。

图 1—1　中国非物质文化遗产标志

图 1—1 是中国非物质文化遗产的标志。从标志的整体结构来看，它由外部的圆形和内部的正方形组成。圆形象征着循环，代表着生生不息；而四四方方的正方形与外圆相呼应，体现了"天圆地方"的文化根源，表达了方圆相生相克，根源共享的意义。中间的图案是鱼和一双抽象的手。鱼纹是中国最早的图腾图案之一，它不仅隐含了一个"文"字，还寓意着我国历史悠久、传承久远的文化遗产。鱼形图案也具有"天井"之意，象征着非物质文化遗产源于百姓，并得到了人们的普遍认可。另一个意象是"田"，寓意中国祖先与土地密不可分，农业文化深厚，中国的文化遗产扎根于广袤的土地之上。抽象派风格的两只手紧紧抱住了"文"字，象征着团结、和谐、细心地呵护并维护无形文化遗产，守护着自己的精神家园。

二、非物质文化遗产的特征

（一）传承恒定性

传承恒定性指的是非物质文化遗产具有被人类以集体、群体或个体的方式代代相传或发展的特性。非物质文化遗产的传承性质取决于遗产的本质。遗产的本质是人类遗留能够被后人欣赏和继承，因此传承性是所有遗产的共性，非物质文化遗产也不例外。

非物质文化遗产的存续和传承必须借助"物质"这一可量化的载体来实现。非物质文化遗产特有的"物质"，即人，是其表现和传承的主要载体，主要表现为口头语言、肢体语言、观念等。非物质文化遗产的积累和口传的方式是抽象的、无形的。非物质文化遗产在人类社会中的传承，在很大程度上依赖于人。那些承担这一重任的人应具备一定的专业知识、观念和技能。而这些知识、观念和技能本身也构成了非物质文化遗产的整体或部分，并与其存在着一定的关系。

从历史学的角度来看，非物质文化遗产是一种基于世代延续的文化遗产。在选择和确定传承人时，主要考虑其与被选择者的密切关系以及对保密性的认可。通过口口相传、手把手传授的方式，将这些技巧和技艺传授给下一代。正是通过这种方式，才能实现对非物质文化遗产的保护和延续。这种无休止的传承和发展使非物质资产成为活生生的历史见证。

以智化寺京音乐为例，它是从明朝宫廷礼乐发展而来的一种乐曲。在现存的古代乐种中，北京智化寺京音乐是唯一一种能够代代传承下来并保存完好的乐曲。据传，明代宦官王振将宫廷乐曲的《工尺谱》私藏于寺庙，并与700多年前的唐朝古谱结合，让家庙里的艺僧学习演奏。京音乐是由宫廷音乐、佛教音乐和民间音乐共同组成的一种音乐形式。长期以来，京音乐曲在寺庙这个封闭的小世界里排练，与外界基本隔离，并依靠口传的方式传承了560年，它与西安城隍庙鼓乐、开封大相国寺音乐、五台山青黄庙音乐及福建南音共同构成了我国现存最古老的五种古乐。京音乐有着严格的师承制度，无论是演奏姿势、技巧还是乐谱，都非常严谨。京音乐现已形成了具有年代明确的工尺谱本，拥有独特的乐器、曲牌和词牌，并有代代相传的演奏艺僧。北京智化寺京音乐不仅保留了宋朝古乐，还保留了更早期隋唐时期的燕乐，是国内外罕见、完整且真实的古代音乐资料之一。

（二）活态流变性

非物质文化遗产的传播可以通过一方自觉地学习，另一方悉心传授，或者在普通民众之间自发互相学习等方式实现。这种传播过程具有活态和流变的特征，使得非物质文化遗产得以共享，这也是其与物质文化遗产的重要区别。与物质文化遗产的传承主要以复制为主不同，非物质文化遗产的传承是一个活跃且变化的过程，它是继承和变异、一致性和差异性的有机统一。在传承过程中，它往往与所在地区的历史、文化和民族特征相互交织，形成传承与发展共存的局面。

需要指出的是，虽然非物质文化遗产会发生改变和发展，但它仍然存在恒定性或基本的一致性。举例来说，端午节起源于中国，经过与世界各国的文化交流，传入韩国，但韩国并没有完全照抄，而是融合了许多韩国的风俗习惯、民族特色和文化传统，使得端午节的内容更加丰富和多彩。

非物质文化遗产注重的是人的价值，强调活的动态精神因素，高超、精湛和独创的技术和技能、人的创造性，以及所反映出来的民族情感、传统文化的根源、智慧、思想方法、世界观、价值观和审美观念等。尽管非物质文化遗产中存在物质要素和物质载体，但其价值并不以物质形式体现，而属于人类行为活动的范畴，有些需要通过行为来表达，有些则需要借助高超的技术来展现和传承。表达和传承需要言语和行动的结合，是一个动态的过程。例如，传统音乐、舞蹈和戏曲等表演艺术形式，以及图腾崇拜、巫术、民间传说和节日等仪式活动的表达都是动态的过程。总的来说，非物质文化的特定价值观、生存形态和变化特性形成了其活态和流变特征。

（三）民族性

民族性是指该非物质文化遗产为某一民族独有，深深地打上了该民族的烙印，体现了此民族的独特思维方式、智慧、世界观、价值观、审美意识、情感表达等因素。特定民族的特性体现在形式到内容的各个方面。从民族的形式特征方面看,民族的人种(包括肤色、形体等)、服饰、饮食、生产方式、语言、风俗等,受自然环境影响很大;从更深层的民族特性来看,世界观、信仰、思维方式、宗教观、价值观、民族的文化、心理结构、审美趣味、生活方式、民族认同等,则是长期以来形成的,表现在日常生活和行为的方方面面,有很强的稳定性,不太容易改变。实际上,民族特性的表现形式和内容都会在非物质文化遗产形态上有很鲜明的体现。

2003 年,我国古琴艺术入选联合国教科文组织认定的《人类口头和非物质文化遗产名录》。古琴是中华民族最早的弹弦乐器,也是中华传统文化之瑰宝,位列"琴棋书画"之首,有鲜明的民族特色。古琴的演奏形式主要有琴歌和独奏两种。根据文献记载,先秦时期,古琴除用于宗庙祭祀、朝会、典礼等雅乐外,主要在士以上的阶层中流行,秦以后盛兴于民间。关于以琴为声乐伴奏的形式,早在《尚书》中已有"搏拊琴瑟以咏"的记载。春秋战国时期,古琴的独奏音乐已具有一定的艺术表现能力,如伯牙弹琴子期善听的传说。当时著名的琴曲如《高山》《流水》《雉朝飞》《阳春》《白雪》等,均已载入史册。在中国众多的音乐形式中,古琴艺术是最能体现儒、道两家思想内涵的形式之一。弹奏之人在古琴朴实低缓而又沉静旷远的声音中,由躁入静进而物我两忘,"独坐幽篁里,弹琴复长啸""致乐以治心,乐则安,安则久"。古琴艺术之所以能独树一帜并备受推崇,除"琴德最优"外,更由于其音乐的特质能顺乎自然,耐人寻味,符合中华传统文化追求意境、崇尚内在和寓意含蓄的特征,蕴藏着中华民族文化精神的内核,体现了古人修身悟道的德行,而成为人格培养和精神升华的重要方式和手段。

从古琴艺术入选世界人类口头和非物质文化遗产名录来看,古琴艺术的表现方式和表现内容都具有极强的民族性,同时彰显着鲜明的中国传统文化特色。这一点非常重要,因为它体现了古琴艺术存在的深刻意义。

(四)地域性

地域性指的是非物质文化遗产在一定区域内产生、传承和发展,或者同一种非物质文化遗产在不同区域之间存在差异。在许多情况下,非物质文化遗产与当地的民风民俗密切相关，它们属于特定区域的习惯或与生活相关的活动。正是地域的环境和文化决定了非物质文化遗产的特点和传承，地域特征反映和加强了非物质文化遗产的民族特性。

非物质文化遗产在不同时代的传承和演变中，与所处的地域密不可分。同样的非物质文化遗产，在不同的文化背景下会呈现出不同的面貌。当它在不同地域和民族中传播时，会发生变化和发展，并深深烙印当地的特色。

以端午节为例，它是汉族人民为了纪念屈原而设立的传统节日，通过吃粽子、划龙舟等方式缅怀屈原的崇高爱国精神。然而，在东吴地区，端午节的传统并不以屈原为祭奠对象，而是以伍子胥为祭奠对象，他是吴国在五月五日投河自尽的历史人物。在中国，端午节的风俗习惯也因地域差异而千差万别。端午节是民间最重要的节日之一，与春节和中秋节并称为"三大节"。在这一天，皇帝不需要上朝，百姓祭拜祖先，女性带孩子回家。朋友们也借此机会相聚，整个国家洋溢着喜庆的气氛。北京人有一些传统习俗，如节前不取井水，以避井毒；在家中挂上艾草、红色灯笼，系上彩色绳子，等等。而在南京，端午节时家家户户都会放一盆水，加入雄黄和两个鹅眼币，全家用此水洗眼睛，称为"破火眼"，据说可以保证一年内不患眼病。每个地区都因其独特的环境和风俗习惯而形成其文化特色。

（五）多元性

多元性指的是它存在形态呈现出的多样性。非物质文化遗产是一种特殊的文化现象，其多样性主要源于其内容，包括语言传统及其表现形式、传统的表演艺术、传统的手工艺等。作为一种传承下来的精神财富，非物质文化遗产反映了不同地域、不同民族和不同信仰的特点。因此，在不同的时代、不同的地域和不同的民族中，非物质文化遗产呈现出不同的表现形式。

在中国，有各种各样的手工工艺，如织布、绣花等，不同民族的手工工艺和使用方式各不相同。蚕桑丝织是中国文化的重要标记之一，具有汉族身份的文化象征。在中国的历史上，蚕桑和丝绸产业为中国的发展作出了巨大贡献。汉族是最早发现和广泛应用蚕丝的民族，其制作的丝绸制品更是开启了世界历史上第一次大规模的东西方商贸交流，也被称为"丝绸之路"。

　　黎族传统的纺染、织布、绣花是黎族女性创造的一门集纺纱、染色、织布于一体的纺织工艺。黎族女性从小跟随母亲学习各种纺织技术，如扎染、经纱、双面绣、单面提花编织等。黎族女性凭借丰富的想象力和对传统样式的理解，设计出独特的织物纹样，这些纹样虽然没有文字，却成为黎族历史、文化、宗教和民俗的记录。黎锦是黎族民族文化的重要组成部分，其织造工艺是黎族民族文化的重要体现。

　　南京云锦是汉族传统文化的杰出代表之一，以其绚丽多彩的色彩而得名。作为中国丝绸织造技术的精华，有"寸锦寸金"的美誉。锦是古代丝绸中最具代表性的面料之一。作为中国四大名锦之一，南京云锦曾被元、明、清三代的皇室广泛使用。在几百年的发展过程中，它不断进行创新、改良和吸收，凝聚了各代锦绣技艺的精髓。至今，南京云锦仍然是一种无法被机械所替代的纺织技术。由此可见，手工艺作为传统的工艺形式，展现了非物质文化遗产的多样性和复杂性。

第二节　非物质文化遗产的保护

一、保护非物质文化遗产概念的形成

人类的历史已经延续了几百万年。人类文明的起源可以追溯到苏美尔和美索不达米亚两河文明，距今已有近 7000 年的历史。在这漫长的历史长河中，人类智慧创造出无数闪耀的文化成果。非物质文化遗产作为其中一部分，以其独特的民族和地域特色，成为人类文明发展史的重要见证，被称为"活着的历史"。

对非物质文化遗产的重视和关注是在近 30 年才开始兴起的。1989 年，联合国教科文组织首次提出了"民间传统文化"的概念，并通过了《保护传统和民间文化的建议案》。1998 年，联合国教科文组织通过了《宣布人类口头和非物质遗产代表作条例》，正式提出了"人类口头和非物质遗产"的概念。2001 年，联合国教科文组织开始实施"人类口头和非物质遗产代表作"的申报与评价工作，并开始广泛使用"非物质遗产"的术语。

2003 年 10 月 17 日，联合国教科文组织第三十二届大会通过了《保护非物质文化遗产公约》，确立了"非物质文化遗产"的概念，并得到世界各国的广泛认可和应用。

《保护非物质文化遗产公约》对非物质文化遗产进行了定义：被各个社区、群体，有时是个人，视为其文化遗产组成部分的各种社会实践、观念表述、表现形式、知识、技能以及相关工具、实物、手工艺品和文化场所。这些非物质文化遗产代代相传，在社区和群体适应环境、与自然和历史互动的过程中不断再创造，为其提供认同感和持续感，并增强对文化多样性和人类创造力的尊重。公约考虑了符合现有国际人权文件的原则，强调社区、群体和个人之间相互尊重的需求。非物质文化遗产包括口头传统和表现形式，包括：作为非物质文化遗产媒介的语言；表演艺术；社会实践、仪式、节庆活动；有关自然界和宇宙的知识和实践；传统手工艺。

截至 2018 年 5 月，《保护非物质文化遗产公约》已有 178 个国家和地区成为缔约方，联合国非物质文化遗产名录中收录了 584 个非物质文化项目。中国于 2004 年加入了该公约。截至 2020 年 12 月，中国共有 42 个项目列入联合国教科文组织的遗产名录，位居世界第一。其中，包括 34 个代表人类非物质文化遗产的项目，如昆曲、古琴艺术、新疆维吾尔木卡姆艺术和蒙古族长调民歌；还有 7 个亟须保护的非物质文化遗产项目和 1 个优秀实践项目。这些 42 个项目的入选，体现了中国在履行公约、保护非物质文化遗产方面不断提升的能力和水平。它们对于加强遗产实践社区、群体和个人的认同感和自豪感，激发传承保护的自觉性和积极性，以及在国际上宣传和弘扬中华文化、中国精神和中国智慧方面具有重要意义。

根据《保护非物质文化遗产公约》的要求，每个国家都应制定自己的非物质文化遗产名录。为履行公约义务，中国于 2011 年 2 月 25 日通过了《非物质文化遗产法》，建立了国家级非物质文化遗产名录，并对其进行全面规范和管理。根据该法第三条规定，国家应对反映中华优秀传统文化、具有历史和文学艺术价值的非物质文化遗产进行确认、记录和建立档案，采取保护措施；对具有一定科学性的非物质文化遗产采取传承、传播等措施进行保护。

自 2006 年起，中国共发布了 5 批国家级非物质文化遗产名录（前三批称为《国家非物质文化遗产名录》，自 2011 年起改为《国家非物质文化遗产代表项目名录》），共有 1557 个具有代表性的国家级非物质文化遗产项目。这些项目根据区域和单位进行统计，共涵盖了 3610 个子项目。为了确认和保护不同地区或社区、群体所拥有的相同非物质文化遗产，自第二批名录起，还设立了扩展项目目录。扩展项目与已列入国家级名录的项目相同，但在项目特点和传承状态上有所区别，并由不同的保护单位负责。

中国的《国家非物质文化遗产名录》将遗产划分为 10 个主要类别，其中在 2008 年对 5 个类别进行了重新命名，至今仍在使用。这十个主要类别包括传统音乐、传统美术、曲艺、民间文学、传统体育、传统戏剧、传统医药、传统技艺、游艺与杂技、传统舞蹈、民俗。每个具有代表性的遗产项目都有一个独特的编号。

二、我国保护非物质文化遗产的现状

非物质文化遗产是人类文明的结晶，也是人类赖以生存的文化生命。一个国家的非物质文化遗产蕴含着这个国家传统文化的根脉，保存着这个国家文化的原生态和独特思维方式。然而，随着经济全球化的迅速发展，文化生态平衡遭受了巨大破坏，传统的文化遗产正在以前所未有的速度消失。因此，在这一背景下，如何保持世界文化的多样性，如何有效保护非物质文化遗产，已成为一个全球性的问题，也是全人类的共同责任。

中国人对非物质文化遗产的保护历史源远流长。在古代，人们就开始了对《诗经》的收集、整理与传承。20 世纪初，民族和民间文化的收集和保存活动开始兴起。中华人民共和国成立后，特别是改革开放后，国家对非物质文化遗产进行了一系列的保护工作，并积极探索中华传统文化的继承和发展，累积了许多相关经验。

为了保护世界各民族的传统文化并维护文化多样性，联合国教科文组织在 1998 年通过了《宣布人类口头和非物质遗产代表作条例》。自 2000 年 4 月起，他们开始实施"人类口头和非物质遗产代表作"项目。通过联合国教科文组织的《保护非物质文化遗产公约》，世界各民族的非物质文化遗产得到了国际公约的保护。

中国政府认识到在现代化进程中抢救和保护民族民间传统文化的重要性，并积极参与国际非物质文化遗产保护工作。中国昆曲艺术于 2001 年 5 月 18 日成为联合国教科文组织宣布的第一批 19 个"人类口头和非物质遗产代表作"之一。2003 年 11 月 7 日，中国古琴艺术入选第二批 28 个代表作之列。2005 年 11 月 25 日，中蒙联合申报的蒙古族长调民歌被列入第三批代表作名录。此后，中国又有传统桑蚕丝织技艺、京剧、皮影等共 42 项被列入《人类非物质文化遗产代表作名录》。

中国政府于 2004 年 8 月 28 日在第十届全国人大常委会第十一次会议上通过了正式加入联合国教科文组织《保护非物质文化遗产公约》的批准决定。2011 年 2 月 25 日，全国人大常委会批准通过了《中华人民共和国非物质文化遗产法》。这一法律标志着中国非物质文化遗产的抢救和保护工作进入了新的时期。

（一）制定政策法规，确定方针、原则、目标

1997 年 5 月 20 日，国务院颁布了《传统工艺美术保护条例》，提出"国家对传统工艺美术品种和技艺实行保护、发展、提高的方针"；明确传统工艺美术的保护标准，"是指百年以上，历史悠久，技艺精湛，世代相传，有完整的工艺流程，采用天然原材料制作，具有鲜明的民族风格和地方特色，在国内外享有盛誉的手工艺品种和技艺"。国家已制定传统工艺美术的保护标准，并采取积极有效的措施来保护这些处于濒危失传状态的传统工艺美术。同时，国家还建立了评定机构，负责评选"中国工艺美术大师"。这项举措对于妥善保护传统工艺美术具有重要意义。这一法律的出台对继承和弘扬中华民族优秀传统文化，进一步加强非物质文化遗产保护工作产生重大而深远的影响。

（二）实施保护工程，完成普查工作

2004 年 4 月 8 日，文化部、财政部发出的《关于实施中国民族民间文化保护工程的通知》指出，要充分认识实施"保护工程"的重要性和紧迫性。《通知》表明："'保护工程'是在以往民族民间文化保护工作成果的基础上，结合新时期的新情况和新特点，由政府组织实施推动的，对珍贵、濒危并具有历史、文化和科学价值的民族民间传统文化进行有效保护的一项系统工程。"

《中国民族民间文化保护工程实施方案》明确提出，"保护工程"的总体目标是："通过'保护工程'建设，到 2020 年，使我国珍贵、濒危并具有历史、文化和科学价值的民族民间文化得到有效保护，初步建立起比较完备的中国民族民间文化保护制度和保护体系，在全社会形成自觉保护民族民间文化的意识，基本实现民族民间文化保护工作的科学化、规范化、网络化、法制化。""保护工程"明确了保护对象、保护模式和保护内容，并在 2004年至 2020 年期间分为三个阶段实施。具体的"保护工程"实施过程包括以下几个步骤：全面调查、了解情况、制定保护计划、建立保护等级体系、制定

保护制度和保护目录。同时，利用现代技术对具有历史文化价值和濒临灭绝的民族民俗文化传统进行抢救和保护，并建立了一套有代表性的民族传统文化遗产保护体系。在具有独特价值和鲜明特色的地方，还应设立文化生态保护区。此外，还致力于培养一支庞大、高质量、高水平的人才队伍，并为各行业的骨干力量提供培训。

"保护工程"旨在通过一套切实有效的方法抢救和保护一些具有重大历史和文化价值、濒临灭绝的民族民俗文化项目。其中，最具代表性的例子是国家成立了"京剧振兴"和"昆曲振兴"的指导委员会，并拨出专门的基金来支持这些艺术形式的抢救、保护和发展。在"保护工程"实施初期，试验工作是一个重要环节。通过专家的科学论证，初步确定了40个国家保护试点项目，其中包括以云南省、江苏省苏州市、湖南省湘西土家族苗族自治州为例的6个项目，以及以新疆维吾尔木卡姆、北京京西古旗音乐、安徽花鼓等为例的34个专业项目。此外，还有青海的热贡艺术、天津的杨柳青木板年画等。在试点项目之后，随着国际上对非物质文化遗产的保护，我们将其命名为"非物质文化遗产"保护。

2005年6月，在文化部的统一部署下，我国对非物质文化遗产进行了全面调查。据不完全统计，本次普查共搜集到了29万余种有价值的实物和信息，20亿余种普查文献资料。这一庞大的数量令人瞠目结舌。同时，一批濒临灭绝的非物质文化遗产得到了确认和抢救。调查为我们对我国各地区、各民族的非物质文化遗产资源有了比较全面的认识，包括其分布情况、生存环境、保护现状以及存在的问题。

（三）建立保护制度，完善保护体系

在党中央、国务院的高度重视下，在地方党委和政府的领导下，经过各级文化部门的积极努力和社会公众的广泛参与，我国非物质文化遗产保护工作取得了突破性进展，已初步建立起有中国特色的非物质文化遗产保护制度。

我国已初步建立国家、省、市、县四级非物质文化遗产代表作名录体系。根据国务院办公厅《关于加强我国非物质文化遗产保护工作的意见》精神，我国政府于2005年开始第一批国家级非物质文化遗产代表作名录的申报和审批工作。国家级非物质文化遗产代表作名录的申报和审批工作经过严格的程序和评估，旨在确保选入名录的项目具有重要的历史、文化和艺术价值，代表着我国丰富多样的非物质文化遗产。这些代表作名录的建立不仅有助于保护和传承非物质文化遗产，还为相关项目提供了更多的宣传、支持和保护措施。除了国家级名录，各省、市、县级也相应建立了自己的非物质文化遗产代表作名录。这些名录的建设旨在更全面地反映和保护各地区的非物质文化遗产，促进地方特色文化的传承和发展。通过建立国家和地方四级非物质文化遗产代表作名录体系，我国在非物质文化遗产保护方面取得了重要进展。这一体系的建立为我们深入了解、传承和保护非物质文化遗产提供了重要的参考依据。同时，它也为非物质文化遗产的传承者和从业者提供了更多的机会和支持，促进了我国非物质文化遗产事业的繁荣和发展。

在对非物质文化遗产进行保护的过程中，必须采取相应的措施。截至 2022 年，国家文化主管部门先后命名了五批国家级非物质文化遗产代表性项目代表性传承人，涵盖民间文学、杂技和竞技、民俗艺术、民族手工艺、民族医药、民族音乐、民族舞蹈、传统戏曲、曲艺以及民间传说等 10 大类别，共计 3057 名。

2008 年，我国文化部颁布了《国家级非物质文化遗产项目代表性传承人认定与管理暂行办法》，明确了国家级非物质文化遗产的认定标准、权利义务以及资金保障，为促进非物质文化遗产的保护提供了有力的保障。对于正式的有代表性的传承者，文化部要做好技术记录和整理工作，提供教学场所和资助教学活动，通过宣传和交流，收集有代表性的作品，建立档案和资料库，以支持有代表性的文化遗产的传承。

文化生态保护实验区是指以保护非物质文化遗产为核心，对历史积淀丰厚、存续状态良好、具有特殊价值和鲜明特点的特定文化形态展开整体性保护，以推动社会全面协调可持续发展而划定的特定区域。截至 2023 年 2 月，我国共设立国家级文化生态保护区 12 个，国家级文化生态保护实验区 14 个，涉及省份 17 个，包括客家文化（梅州）生态保护实验区、晋中文化生态保护实验区、大理文化生态保护实验区等。

传统美术和技艺类非物质文化遗产具有能耗低、无污染、见效快等特点，非常适合发展劳动密集型的特色文化产业。各省（自治区、直辖市）积极探索非物质文化遗产的生产性保护，对带动相关产业发展、拉动内需、扩大就业和应对全球金融危机等方面发挥了积极作用。通过生产性保护，许多非物质文化遗产项目的老字号企业重新焕发生机和活力，提升了民族品牌的影响力。

为了培养和提高全民的文化自觉，营造良好的文化遗产保护社会氛围，2005 年 12 月，国务院将每年 6 月的第二个星期六设为中国的"文化遗产日"。自 2006 年以来，文化部及各地文化部门利用"文化遗产日"和中华民族传统节日，积极开展非物质文化遗产展览、展演、论坛、讲座等宣传教育活动。文化部主办了"中国非物质文化遗产保护成果展""中国非物质文化遗产传统技艺大展""中国少数民族传统音乐舞蹈展演"等一系列活动。此外，还应通过报刊、电视、网络等媒体全面报道和宣传非物质文化遗产保护工作，积极与教育部门合作，使非物质文化遗产成为传统文化教育和爱国主义教育的重要内容。

第三节　非物质文化遗产的价值

一、非物质文化遗产的科学价值

（一）非物质文化遗产有助于了解历史

非物质文化遗产作为人类宝贵的历史财富，具有独特的历史意义和民族特征。它们能够帮助我们更好地理解和认识历史。与其他历史遗产一样，非物质文化遗产的产生也是在特定历史条件和民族特征下形成的。通过研究这些文化遗产，我们可以窥探当时社会的生产结构、生产力水平以及社会生活中的习俗和禁忌，具有重要的历史价值。

例如，年画是中国传统风俗文化的重要组成部分，已有 2000 多年的历史。年画具有祈福、避邪和避祸的寓意。在汉代的石刻中，门上刻画武士形象的可能就是门神。晚清时期，正值国家面临困难，康有为和梁启超在戊戌变法之后，改良年画作为社会进步和生活稳定的象征，在民间迅速发展起来。到了近代，一些作品如《女子爱国》《女子求学》《小儿怒》《天津北仓义和团大破洋兵》等也应运而生，这些文化遗产反映了特定历史时期的社会现象和人们的思想观念。特别是在历史革命和社会动荡时期，它们承载了呼唤民众、倡导爱国救国的新时代内容。非物质文化遗产的研究和保护对于理解历史、传承文化传统具有重要意义。

世界各国都有自己的民间传说，承载着民族的起源和对远古先祖的想象。尽管这些故事缺乏史实支持，更多属于鬼神传说，但它们具有重要的历史价值。民间传说常常以真实的历史事件或自然现象为基础，通过虚构和想象来构建传说故事。这些传说中蕴含着大量重要的历史信息，可以作为历史研究的重要素材。如古希腊的《荷马史诗》和我国的《孟姜女哭长城》《格萨尔王传》等，都包含丰富的历史信息。因此，从历史价值的角度来看，非物质文化遗产是各个时期历史文化精华的积累。它们完整地保留和展现了一个地区的历史文化内涵。通过进一步挖掘和研究代代相传的非物质文化遗产，我们能够更全面地了解先人的生活和文化。这样的研究有助于揭示过去的历史面貌，丰富我们对于文化传承和人类历史发展的认识。

（二）非物质文化遗产有助于科学研究

中国非物质文化遗产种类繁多，涵盖了传统手工技艺、民间文艺以及民间文化等方面。通过对这些非物质文化遗产的研究，可以获得与之相关的历史文化资料，同时也能深入探索人类对天然资源的认识与运用的规律，为当代文化的发展提供借鉴。

以陶艺为例，通过研究景德镇的手工业、宜兴的紫砂、黎族的原生态陶艺等，可以了解陶艺的产生与发展过程，从中发现人类对天然资源的利用和创造力的表现。这种研究不仅有助于保护和传承传统陶艺技艺，还可以为当代陶艺的创新提供启示。

类似地，通过对木版年画和民间音乐等的研究，我们可以更好地理解国人审美趣味和美学价值观的演变过程，同时也能探究音乐文化的变迁和地域特色。此外，传统医学及其相关非物质文化遗产也具有重要的研究价值，可以深入了解中医的认知方法、诊断技术以及药物制备等方面，为中医的发展和创新提供科学依据。

通过运用现代科学的研究方法和手段，对这些传统文化进行科学研究，可以揭示其背后的科学规律，为文化的传承和创新作出贡献。这样的研究有助于将非物质文化遗产与现代社会联系起来，促进其发展与传承，并进一步丰富人类文化的多样性。

二、非物质文化遗产的社会价值

非物质文化遗产具有特殊的历史价值和文化价值。它记录了一个民族的历史和文化传承，承载着该民族共同的文化基因和民族特质。通过对非物质文化遗产的研究，可以更全面地认识一个民族的个性特征。

三、非物质文化遗产的经济价值

在现代社会中，非物质文化遗产已经不再是人类生活的主导，更多的都是作为国家社会抢救和保护的对象，将前人创造的辉煌文化传承给后人。尽管目前非物质文化遗产往往没有直接的经济价值，但它仍然承载着重要的文化价值和历史意义。

随着全球交流的深化和人们对文化差异的兴趣，越来越多的人开始寻找自身文化根源和体验不同文化环境。这推动了文化旅游业的发展，也促进了非物质文化遗产产业的繁荣，推动了传统文化的振兴。例如，在中国，"国学"和汉服等文化现象的兴起，正是非物质文化遗产繁荣发展的明显体现。

非物质文化遗产作为人类的宝贵历史财富，具有特殊的历史价值和文化价值。通过对其进行研究和传承，可以更好地认识和理解一个民族的独特文化特征，并促进文化的多样性和传统文化的传承与发展。

济南非物质文化遗产博览园是山东省济南市的一项重要建设项目，于2014年10月正式建成并向公众开放。该博览园占地974亩，由八个功能区组成，包括"民间传说区""神秘文化区""民间手工艺区"等等。这个博览园是一个典型的案例，成功地将非物质文化遗产与旅游经济相结合。它展示了非物质文化遗产在经济价值方面的体现。

第四节　非物质文化遗产的域外经验

一、世界知识产权组织和联合国教科文组织保护措施

世界知识产权组织（World Intellectual Property Organization，WIPO）和联合国教科文组织（United Nations Educational Scientific and Cultural Organization，UNESCO）在保护人类文化多样性和知识产权方面积极合作。1976 年，世界知识产权组织和联合国教科文组织合作，发布了《突尼斯版权示范法》，旨在规范民间文化艺术领域的保护问题。然而，该法将"民间文学艺术"等同于"民间文学艺术作品"，并将其纳入著作权法保护范畴。这种保护模式受到了批评，因为它违背了版权法的基本原则，并没有产生实质效果，对一些发展中国家以及中国的学术研究和立法草案产生了重大影响。

1982 年，世界知识产权组织和联合国教科文组织联合颁布了《保护民间文学艺术表达免被滥用国内立法示范法》，要求在利用民俗文化进行营利活动时，必须事先征得相关政府部门或授权组织的同意。此外，使用民俗文化还需要支付一定费用，这些费用将用于保护国家传统文化并促进其持续发展。

1997 年，世界知识产权组织和联合国教科文组织再次合作，在经过几年的研究和讨论后，成立了"知识产权与遗传资源、传统知识和民间文学艺术政府间委员会"，旨在促进国际保护非物质文化遗产的合作。

2003 年，联合国教科文组织颁布了《保护非物质文化遗产国际公约》，我国于 2004 年加入该公约。2007 年 12 月，世界知识产权组织通过了《传统知识保护修正案》，其中包括 10 项基本原则、14 项本体原则和 16 项方向目标，并对这些基本原则的含义、保护对象和保护方式等进行了明确说明。该修正案的政策目标是承认价值、增加尊重，满足传统知识持有者的实际需求，促进传统知识的保存和保护，遏制不当和不公平使用，并促进公平利益分享。

二、美国的民间文化保护

1976 年，美国国会通过了《民俗保护法案》，承认美国民间信仰的多样性，这丰富了美国的文化并培养了美国人的人格特征。美国民俗在美国人的思想、信仰、观念和性格等方面发挥了重要的作用。《民俗保护法案》还指出，保护、支持、复兴和传播美国民俗是所有美国人共同关心的问题，而鼓励和支持美国民俗则被视为联邦政府的责任。

《民俗保护法案》的内容涵盖了习俗、手工艺等，以及家庭、种族、职业等各个团体中的民俗传统。它将美国民间的宗教和地域性文化定义为需要保护的对象。根据《民俗保护法案》的指导，美国政府成立了"美国民俗学研究中心"，将已经批准的民俗学材料收录到图书馆中，以便保存、展示和研究。

美国在非物质文化遗产保护方面选择了一条与其他国家完全不同的发展路径。尽管美国是联合国的主要成员，但它既没有加入《保护非物质文化遗产公约》，也没有通过任何形式的立法来保护非物质文化遗产。尽管如此，这也并不意味着美国对非物质文化遗产不关注。事实上，美国已经建立了三个重要机构，分别是美国国会图书馆（Library of Congress）、美国国家艺术基金（National Endowment for the Arts）和史密森尼学会（Smithsonian Institute），它们共同致力于非物质文化遗产的保护工作。

美国国家艺术基金从 1982 年起设立国家遗产奖（National Heritage Awards），1994 年起改为国家遗产奖助金（National Heritage Fellowships），支持国内广义上的民俗传统、文化艺术，鼓励人们为国家传统艺术遗产作贡献。

史密森尼民俗节（Smithsonian Folklife Festival）是美国（但并不局限于美国）文化遗产领域的重要活动，由史密森尼学会直接负责组织和参与。该中心每年举办一次史密森尼民俗节，旨在更好地传播民间故事、展示民间生活。

虽然名为"民俗节"，但实际上它涵盖了几乎世界上所有的文化遗产形式，因此对各个国家和民族的文化都有一定的影响。每年，来自世界各地的音乐家、艺术家、表演者、手工艺者、工人、厨师等参与民俗节的活动，展示他们的技艺、学识和审美能力，展现出独特的传承和创作生命力。

2014 年的史密森尼民俗节以"中国：生活与传统"为主题，成功举办了为期两周的盛会。这次民俗节包括来自中国 15 个省市的 8 个演出项目和 16 个艺术项目。其中涵盖了浙江婺剧和福建泉州的傀儡剧等以汉族为主的表演，还有苗族、侗族、羌族以及藏族和蒙古族等少数民族的文艺演出。这次盛会向美国人民展示了中国的多元文化，吸引了近一百万人前来观看，让他们对中国有了全新的认识。

三、澳大利亚土著文化知识产权保护

澳大利亚注重保护土著文化，主要通过《知识产权法》《文化遗产法》和《国际法》等法律措施来进行。然而，目前《知识产权法》对土著文化的保护仍有欠缺。就版权保护而言，土著艺人的作品往往不符合著作权法的创新性、有形形式和可确认的作者等要求。此外，著作权法未对土著口述资料提供特殊保护，土著社群对自身文化成果没有任何所有权，即使这些成果是其文化遗产的重要组成部分。此外，版权具有时效性，而根据土著法律，它们的文化是永恒的。

《文化遗产法》是澳大利亚另一项重要法律，用于保护土著文化遗产。然而，有些地方的保护工作仍不够完善，文化遗产往往由政府部门拥有，而非对应的土著社区。《文化遗产法》对具体的地区、物品和地点进行了保护，但对与特定地点相关的故事、歌谣和古代遗迹等非具体内容缺乏保护。此外，保存工作通常侧重于过去的遗产，而非活着的遗产。人们在保存土著文化遗产时往往只注重其科学和历史价值，忽视了其文化和精神上的价值。

针对澳大利亚法律在土著文化保护方面存在的缺陷，专家团队建议从法律、行政、政策准则和教育等方面改进保护机制。在法律方面，应改进现有法律体系，为土著文化和知识产权保护提供相关规定，并赋予土著人权利，促进法律的充分发展。此外，还需要建立一套独立的土著文化与知识产权保护法律体系。在行政方面，应建立信息收集制度，赋予协商谈判权力，并建设文化基础设施等。在政策和教育方面，应制定政策准则，确立道德标准，制定新技术准则，并加强土著人对知识产权的认识。

四、印度传统文化的知识产权保护

印度是世界上历史最悠久的四个国家之一。其中，印度瑜伽、印度草药等方面对全世界都产生了深远的影响。印度非常注重对民族传统文化的保护，尤其在保护传统草药方面作出了积极的努力。为此，印度科学与工业研究理事会与科技部和印度草药医学、物理疗法、顺势疗法部门，健康和家庭福利部合作，共同建立了"传统知识数字化图书馆"。该数据库收录了54种官方传统草药文献，150000种传统药物以及1500多种有超过5000年历史的瑜伽修炼方法。

该数字资料库的建立对于保存印度传统知识以及通过古老技术发展医学和医疗技术具有重要意义。印度的知识数字化图书馆使得他们能够通过修改专利法来剔除那些盗用或侵权传统文化的行为，从而有效地保护自己国家的传统文化权益。

通过分析国家和组织在保护非物质文化遗产方面采取的不同模式，我们可以看出，主要的保护方式包括制定或修订知识产权法律、制定专门法律以保护非物质文化遗产，以及通过政策、行政手段和民间组织等多种途径进行保护，以传承和发扬本国的民族传统文化。知识产权法是一种基于专利、商标和版权法的新型非物质文化遗产保护制度。国外关于非物质文化遗产知识产权保护方面的经验对我们研究并建立一个适应中国实际、具有中国特色的非物质文化遗产保护法律体系具有重要的参考意义。

第二章　非物质文化遗产的知识产权
保护困境

　　非物质文化遗产作为人类智慧和创造力的结晶，是世界各地不可或缺的文化财富。然而，随着全球化和现代化的快速发展，非物质文化遗产的知识产权保护面临着日益严峻的困境。

　　传统上，非物质文化遗产的传承和保护主要依赖于口头传承、社区共识和民间机构的自我管理。然而，随着经济和社会的变革，非物质文化遗产面临着商业利用、文化侵权、盗版复制等威胁，使得知识产权保护变得愈发紧迫和复杂。

第一节　非物质文化遗产法律保护的必要性及模式选择

一、非物质文化遗产保护的现实困境

在社会的不断变化和发展中，非物质文化遗产逐渐形成。随着时间的推移，传承人不断对这些遗产进行传承和创新，使其呈现出不同时期的特点和丰富的文化内涵。这些非物质文化遗产还能够直接产生经济效益。非物质文化遗产既是各社区、群体和个人的财富，也是各国重要的文化资源。然而，在经济全球化和科学技术飞速发展的今天，非物质文化遗产的保护工作面临着前所未有的挑战。例如非物质文化遗产传承中的断层现象、非物质文化遗产权利人缺乏创新和转化经验以及未经权利人许可从事非物质文化遗产的商业开发等。

（一）环境的改变对非物质文化遗产的不利影响

1.人类社会的发展改变了人们生存的自然环境和生活条件

自然环境对非物质文化遗产产生了较大影响，主要有以下三个因素：首先，自然环境是非物质文化遗产形成和发展的基础。其次，许多非物质文化遗产与自然生态环境密切相关，包含着丰富的文化内涵。举例来说，元阳梯田之美独特壮观，不仅与地势、气候等因素有关，还与哈尼族世代以来的努力密不可分。最后，自然条件的变化也会对非物质文化遗产产生影响。例如，四川省引入了五大声腔：高腔、昆腔、胡琴腔（皮黄）、弹戏和四川民间灯戏。在人口流动和外来唱法的影响下，川剧最终形成了一种新的唱法。然而，严酷的自然环境限制了非物质文化遗产的发展。如果人类过度改变自然环境，将会导致非物质文化遗产的消亡。以四川布拖县为例，它位于凉山地区彝族聚居的核心地带，由于地理位置的特殊性，该地区相对封闭，尽管存在着具有民族特色的传统服饰文化和毕摩文化等，但交通不便在一定程度上制约了中国非物质文化遗产的传承和发展。特别是在地震、洪水和泥石流等自然灾害的影响下，非物质文化遗产的保护和传承也受到了严重的冲击。

2.人文环境对非物质文化遗产产生着重要的影响

首先，全球范围内的文化融合和经济的快速发展导致传统社会生活方式发生了巨大变化，出现了许多新事物引起人们的关注。一方面，许多非物质文化遗产不再是人们日常生活的必需品。例如，在潍坊市的杨家埠，有一个规模庞大的年画市场，每年春节期间有大量的非物质文化遗产年画。然而，随着时间的推移，年画已经不再是每个家庭必备的物品，销量下降，画工数量也减少了。另一方面，民间文化在很大程度上遵循市场经济规则，以满足广大消费者的需求。随着时代的发展，非物质文化遗产作为长期积累的产品难以迅速满足大众需求，人们对其关注也逐渐减少，这限制了我国非物质文化遗产的发展。

其次，在传承和发展过程中，如果传承者对其理解存在偏差，或者过于注重经济利益，就有可能产生误解和扭曲，使得传承和发展偏离本意。在非物质文化遗产的传承中，人们无法完全控制其所处的人文环境。例如，一些地方以"非物质文化遗产"的名义吸引游客，并进行一些与非物质文化遗产不符的表演，甚至一些非物质文化遗产地区的人也打着非物质文化遗产的旗号制作低质次品，扭曲非物质文化遗产的内涵思想，贬低其文化价值，给社会大众造成不良影响。例如，一些非潍坊人将自己创作的年画以"杨家埠"字样销售，如果他们销售的年画质量低劣，不仅会损害"杨家埠"名字的声誉，还将导致更多人不愿购买年画，使得杨家埠木版年画难以实现经济效益。许多商家以非物质文化遗产为幌子进行过度商业开发，破坏了其文化内涵和价值。

因此，保护非物质文化遗产需要在人文环境中加强监管和引导，确保其真正传承和发展，同时避免商业化过度对其造成的负面影响。这需要加强法律法规的制定和执行，提高社会对非物质文化遗产保护的认识，促进公众参与，以保护和传承非物质文化遗产的独特价值和意义。

（二）非物质文化遗产的传承与发展现状堪忧

非物质文化遗产的有效保护和发展确实需要依靠国家、民族和当地社会中的继承者进行不断的传承和创新。无形文化作为一种以声音、形象、技巧等为主要表现手段的艺术形式，通过口耳相传得到传承。其中，师徒制度是让弟子传承师父技艺和知识的重要方式，以确保非物质文化遗产得到良好保护。然而，如今许多年轻人对传统文化的认知和体验存在困难，加之对传统文化的兴趣减少，导致对传统文化的传承和学习兴趣下降。很多精通民间工艺的大师们也已年事已高，一旦他们离世，所拥有的技术将无法挽回地失去。

以戏曲为例，过去有四百多种民间剧目，但现在数量已经减少到 200 多种。在过去 20 年里，在城市中的消失速度是最快的。山西省更为明确，1980 年代有 49 个地方戏曲，而现在只剩下 28 个，有 21 个已经消失。非物质文化遗产的传承人日益减少的原因之一是，随着工业化社会的发展，消费市场对产品质量和规格的要求不断提高，而许多非物质文化遗产是手工制品，很难满足现代市场的需求，人们对非物质文化遗产的发现、学习和传承的热情随之降低。另一方面，许多国家、地区或社区尚未建立完善的传承人资助制度，没有市场支持的非物质文化遗产缺乏经济支持，使得传承人很难仅凭手艺维持生计。仅凭对非物质文化遗产的热爱是难以持续下去的。这给我国非物质文化遗产的发展带来巨大挑战。

为了应对这些挑战，需要采取相应措施促进非物质文化遗产的传承和发展。国家应加强政策支持，建立健全的传承人资助制度，提供经济支持和保障，鼓励年轻一代对非物质文化遗产的学习和传承。同时，通过教育和宣传活动，提高公众对非物质文化遗产的认知和重视。此外，还应加强国际合作，促进非物质文化遗产的交流与传播，让更多人了解、欣赏和参与其中，共同保护和传承非物质文化遗产的独特魅力和价值。

（三）非物质文化遗产的公共利益与私人利益的界限模糊

一方面，非物质文化遗产所在地的政府将其视为"公益"，并以此为目的，通过公益方式对其进行保护。同时，非物质文化遗产应享有经济发展和经济效益的权益。

另一方面，非物质文化遗产的传承者们相信他们对非物质文化遗产作出了巨大的贡献。因此，要实现非物质文化遗产的传承和发展，必须依靠每一个个人的智慧。政府和企业在利用非物质文化遗产时，必须经过传承者的同意。政府开发的旅游景区和非物质文化遗产节等项目应遵循非物质文化遗产的本质特点，不能夸大或扭曲非物质文化遗产本身的特点。以杨家埠木版年画的一位传承人为例，他认为大规模生产和销售会削弱年画的艺术性，只有稀有的年画才具有艺术性。

此外，政府和商业开发人员都应向艺术家或继承者支付一定的版权使用费。总之，在发展和利用非物质文化遗产时，应兼顾创作者、传播者和政府三方的利益，并处理好各方的利益关系。政府不仅要保护能迅速转化为经济收入的非物质文化遗产，还要保护那些具有很高艺术价值但难以转化为经济利益的非物质文化遗产。对于非物质文化遗产的传播者或用户，应赋予相应的权力，使其能够合理开发和利用。文化的广泛传播并不会对非物质文化遗产的艺术价值产生负面影响。相反，广泛传播可以让人们更多地接触非物质文化遗产产品，从而对其艺术价值和经济价值有更多的认知和认可。

（四）非物质文化遗产的法律保护意识薄弱

一方面，政府、单位或个人可能利用自己收集的非物质文化遗产或将其改编为新作品，却未主动取得传承人的许可，也未明确指明作品的来源。这不仅损害了传承人的劳动成果，也侵犯了他们的权益。例如，《乌苏里船歌》在实际工作中根据赫哲族歌曲《想情郎》和《行猎的哥哥回来了》进行了修改，但修改后却未明确指出《乌苏里船歌》源自赫哲族民谣。最终，法庭判决作曲人在使用《乌苏里船歌》这首乐曲时必须明确说明其源自赫哲族。

另一方面，非物质文化遗产的社区居民或传承人通常愿意与他人分享所拥有的非物质文化遗产，然而，非物质文化遗产的掠夺者经常利用传承人，窃取其核心机密，并将其注册为专利权。一些国家甚至通过这种方式获取我国的中成药配方，并通过知识产权占领我们的中成药市场。还有一些人将我国的文化典故抢注为商标，将我国的典型故事拍摄为电影等方式，将我国的非物质文化遗产商业化利用。

此外，非物质文化遗产的传承者对传统知识的价值和意义缺乏明确的理解，对自身享有的权益也缺乏明确的认识。特别是那些年龄较大、居住在偏远地区的传承者，他们对现代商业模式和网络运营了解甚少。随着我国新一代非物质文化遗产传承人的成长，保护意识逐步形成，但大多数传承人对保护和运作方式仍知之甚少。尽管一些传承人已具备一定的商标意识，但他们缺乏保护自己商标权益的专业法律知识，也未充分认识到所拥有的知识产权。

二、非物质文化遗产法律保护的模式选择

将非物质文化遗产纳入法律保护已经有相当长的时间了，但在选择具体的保护方式上仍存在一些讨论。目前主要的保护方式包括公法保护、私法保护和综合保护。公法保护是指国家对非物质文化遗产进行适度干预，以防止其对人类社会产生不良影响。

私法保护有两种方式，一种是通过知识产权进行保护，另一种是为非物质文化遗产创造新的权利并提供保护。综合保护模式比较全面，将公法保护与私法保护相结合，对非物质文化遗产进行综合保护。

（一）公法保护模式

支持"公法保护方式"的学者认为，非物质文化遗产是珍贵的文化遗产，虽然在传承过程中发生了一些改变和更新，但从根本上来说，它并非为了迎合大众主流审美而创造的。这一现象的成因与所处的自然环境和各民族所具有的文化特征密不可分。作为特定区域的文化符号，非物质文化遗产不仅是该区域的精神食粮，更是国家和民族推动文化多样性和凝聚力的文化基因。尽管在历史长河中，许多非物质文化遗产可以被市场接受，但它也不能完全私有化。在法律保护非物质文化遗产时，应采用公法保护方式，而私法保护方式只能解决权利人的问题，无法阻止非物质文化遗产的衰亡和消失。

公法保护模式倡导在行政法和刑法方面对非物质文化遗产进行保护。这种保护模式强调政府机构的积极介入，利用政府提供的资金支持，并制定发展和传承非物质文化遗产的政策，并提供相应的保障措施。例如，通过行政手段确定非物质文化遗产的传承者并进行登记，以防止其受到非法侵害；对侵犯非物质文化遗产的行为进行刑事处罚。总体而言，无论是对非物质文化

遗产的保护与传承，还是对其在市场上的买卖，都应由政府主导。《非物质文化遗产法》赋予非物质文化遗产以公共权利的形式进行保护。将私权视为非物质文化遗产的一种保护方式不利于政府对非物质文化遗产的高度关注和投资，尤其对那些濒临消失的非物质文化遗产，政府应主动介入以确保其传承和发展。

（二）私法保护模式

私法保护即赋予某个非物质文化遗产的所属集体或是个人享有私有权利，通过民事法律进行保护。私法保护模式主要有两种观点。

首先是知识产权保护模式。世界知识产权组织已经成立了"知识产权与遗传资源、传统知识和民间文学艺术保护政府间委员会"，专门研究与传统知识和文化保护相关的问题，而对非物质文化遗产的知识产权保护是其中的重要方面。采用知识产权保护方式意味着特定的集体组织或个人可以因其非物质文化创作而享有专有权利，这种权利可以激励他们挖掘、开发和改进非物质文化遗产，传播非物质文化遗产，推动非物质文化遗产多样性的发展。基于知识产权的保护方式还可以肯定个人或团体对非物质文化遗产所作的贡献。非物质文化遗产之所以能够在市场上交易，是因为它必须经过传承人的创造性劳动，尤其是以文字、音乐等形式呈现的非物质文化遗产本身就是知识产权保护的对象。如果在法律上不能赋予其独占的权力，传承人的智慧劳动成果就无法得到市场的认可，进而导致他们放弃对非物质文化遗产的传承和弘扬。这导致了我国非物质文化遗产市场的萎缩。与此同时，采用知识产权保护方式不仅可以激励特定群体或个人向社会提供传统文化资源，还可以促进非物质文化遗产的传播和应用。在公布非物质文化遗产时，应充分尊重具体群体和个人的文化选择权。通过知识产权保护，可以更好地实现非物质文化遗产商业运作过程中各方利益的平衡，推动非物质文化遗产产业的协调发展。

其次是非物质文化遗产产权保护模式。即为非物质文化遗产创造一种独立于民法的新权利。支持这种保护方式的学者指出，大部分非物质文化遗产属于特定的群体，但这个群体的范围可以是多个地区的不同族群，也可以是一个地区内的不同族群。很难给这个群体划定明确的界限，因此在没有明确身份的情况下无法确定知识产权属于谁。此外，对非物质文化遗产进行创新时不能与其所蕴含的文化内涵分离，否则对非物质文化遗产的保护是不利的。其中最重要的一点是，知识产权保护具有时效性，非物质文化遗产是在人类长期发展过程中积累的，将其完全适用于知识产权制度并不符合其自身的历史特点，也不利于其长期发展。

建立特殊法律保护途径对于非物质文化遗产行政法保护制度的健全以及加强国际交流合作方面具有重要的现实意义。曹新明建议引入一种对非物质文化遗产进行保护的"无形化"标志权利。目前存在多种保护方式，但每种方式都有其局限性。而无形文化标识权具有以下特点：非专有性、对象的活跃性和内容的多样性；无限制的保护期限不仅是最佳保护非物质文化遗产的制度安排，同时也有助于与知识产权进行有机结合。

（三）综合保护模式

综合保护模式提出是因为公法保护模式和私法保护模式无法全面覆盖非物质文化遗产。综合保护模式同时考虑整体利益和非物质文化遗产群体的私有利益。《世界遗产公约》中使用"Safeguarding"一词表示保护，强调事前主动的维护，与事后救济的"Protection"有区别。这种用语巧妙地区分了行政法和私法对非物质文化遗产的保护，但如何处理两种保护方式之间的关系对于它们的有效实施非常重要。有学者认为，公法保护模式从上而下战略性地保护非物质文化遗产的发展，私法保护模式更符合其运用与传承，综合运用二者是最佳的法律保护方式。

第二节 非物质文化遗产保护的理论研究

一、非物质文化遗产的公共属性

（一）非物质文化遗产属于人类共同遗产

遗产研究起源于人权领域，国际社会将非物质文化遗产保护看作与人权和发展相关的科学工作。非物质文化遗产不仅仅是特定地区的文化遗产，也是全人类社会的共同遗产。保护非物质文化遗产不仅仅是特定地区的问题，也是人类社会发展文化多样性的体现。正如《世界文化多样性宣言》中指出的："文化多样性是交流、革新和创作的源泉，对人类来讲就像生物多样性对维持生物平衡那样必不可少，从这个意义上讲，文化多样性是人类的共同遗产，应当从当代人和子孙后代的利益考虑予以承认和肯定。"这表明文化多样性和生物多样性对于人类社会的发展和社会秩序的稳定至关重要。为了人类的持续发展，我们需要保护社会生态环境和人文环境，而非物质文化遗产是人文环境中需要重视保护的重要组成部分。

（二）非物质文化遗产的公共物品属性

根据公共经济学理论，社会物品可以分为公共物品和私人物品。保罗·萨缪尔森是一位美国经济学家，在他的著作《公共支出的纯理论》中提出了公共物品理论。公共物品指的是当个人消费某种物品或服务时，其他人也可以同时消费，个人的消费不会减少公共产品的供应。市场机制存在失灵的情况，如果仅仅依靠私人生产和控制公共物品，私人在生产公共物品时通常会优先考虑自己的利益最大化，这会导致社会所需的公路、电站等必要的公共物品供应不足。此外，私人力量无法有效维护公共物品的质量或解决其他问题。因此，公共物品的生产和保护必须依赖政府的力量。政府拥有一个国家或地区的财政权力，为了社会的稳定发展，会投入资金用于保护和开发公共物品，并采取良好的政策吸引私人参与建设和维护公共物品，从而引导市场的良性发展。

非物质文化遗产是特定地区社会生产活动的产物。从其产生的初衷来看，它并不具有竞争性，而是一种公共产品，可供特定群体共同利用。由于其所包含的利益是国家和民族的共同利益，因此任何国家都不应侵占它。非物质文化遗产的目标包括国家认同感、凝聚力和文化多样性等，这些目标应由所有成员共同分享，它所产生的正外部性是一种非排他性的正外部性。因此，保护非物质文化遗产的外部性需要在国家的领导下进行有效的保护，以避免因个人忽视无形资产的公益性而导致其流失。

需要注意的是，不应过度强调非物质文化遗产的公共物品属性。尽管其他人可以共享，但它仍然是只属于特定区域居民的公共物品。限制非物质文化遗产为特定区域的公共物品可以防止滥用和追求非法经济利益。

（三）非物质文化遗产属于公共文化服务体系

基于非物质文化遗产的公益属性，可以对其作为一个民族区域内的非公有制现象进行分析。非物质文化遗产既没有排他性，也没有竞争性，用户通常不需要向相关人支付费用。然而，一些非物质文化遗产无法通过文学、乐曲等方式纳入知识产权保护体系，这导致了未经许可就利用这些遗产以获取经济收益的现象。即使开发者希望获得版权，他们也无从得知如何从少数民族地区获得许可。

因此，有必要将非物质文化遗产纳入公共服务系统，并由相关国家提供必要的资金支持和保护。政府或其他资金支持组织的加强对非物质文化遗产的管理与保护，以防止其流失，变得十分必要。

二、非物质文化遗产的知识产权属性

（一）非物质文化遗产与知识产权的客体具有同质性

非物质文化遗产是特定社区内代代相传的智力活动成果，作为该社区文化和社会特征的一部分。与物质文化遗产相比，非物质文化遗产在形式上可能以有形的物质为载体，但两者之间存在着质的差异。非物质文化遗产的价值不在于产品本身，而在于生产过程的方式。在非物质文化遗产的传播过程中，除了需要通过语言和演示来进行传承，还需要借助媒介。然而，在实质上，非物质文化遗产更类似于看不见摸不着的智力成果。然而，对于这些非物质文化遗产的真正生产过程，我们无法得知。

具体来说，传统知识指的是一个民族、区域或社区的居民通过实践总结、发明或改进的一种有利于地方居民的方法、经验和技术。传统标记指的是当地居民为标识对其有重大意义的物品、节日、民族信仰等而创造的符号烙印，它不仅可以用作装饰，还具有强烈的文化含义，可以用来区分不同的区域特征。传统文化表现指的是在不同区域中，人们对所处事物的认知存在差异，并以此为基础，在当地自然环境的影响下，创造出各种形式的非物质文化遗产，如绘画、歌舞等。

传统知识产权主要关注的是无形的智力成果及与之相关的利益关系，与传统财产权的保护存在根本区别。知识产权法律制度所关心和调整的是以无形的智力成果和相关成就为基础形成的各种利益关系。因此，非物质文化遗产和知识产权的保护目标是一致的。

（二）非物质文化遗产具有创新性

非物质文化遗产的创新性在两个方面得到体现。首先，非物质文化遗产所传承的传统知识并非一成不变，而是在传承过程中会受到时代背景和传承者个人认知等因素的影响，从而产生不同的变化。换句话说，在传承的过程中，非物质文化遗产一直在不断完善，这使其在一定程度上具备了创新性。其次，对于非物质文化产品的创新性，不能简单套用《专利法》中的"创造性"《著作权法》中的"独创性"和《商标法》中的"显著性"来进行认定。非物质文化遗产的创新研究需要有相应的比较样本。在技艺或传统工艺方面，用来判断其创新性的不是同一技术领域的现有技术，而是该传统技艺或工艺与相同或类似技艺或工艺的特点是否明显区别。这就涉及非物质文化遗产的地域或民族特征。只有在这些方面，使得"非遗"技术与普通技术有所区别，才能作为衡量"非遗"技术创新性的标准。同样地，对于非物质文化遗产中的传统文化，其原创性和所代表的文化符号，以及对非物质文化遗产的显著特征，不能简单地套用《著作权法》中的"独创性"或《商标法》中的"显著性"，而需要根据其自身的独特性来进行评判。

（三）非物质文化遗产具有排他性

非物质文化遗产的排他性，也称为专有性，指的是非物质文化遗产的所有权人未经授权或法律特殊规定，其他人不能利用它。有一种观点认为，非物质文化遗产要么是公共的，要么是由国家、地区或社区的人民共同拥有的，没有排他性。然而，尽管非物质文化遗产是依托于特定地区的独特自然和人文环境形成的世代传承的文化，为特定地区的人所熟知并被特定群体共有，它属于特定群体的公共文化财产，但这并不意味着它已经完全融入公众生活，失去了独占性质。公共领域中的知识主要指那些没有被赋予权利的知识，一种为公众所熟知但失去新鲜感的知识，以及知识产权保护期限已过的知识。

从上述内容可以看出，首先，非物质文化遗产是由特定地区或个人享有的，每个非物质文化遗产都有相应的主体，不属于无主知识。其次，非物质文化遗产信息的传播具有地域限制，无法大规模传播，不能为公众所广泛了解；非物质文化遗产不仅独属于特定地域，甚至有些非物质文化遗产只有极少数传承者掌握其核心要义，比如杨家埠木版年画的制作技术。然而，这门技艺的传承采用师徒制度，在传授核心技艺之前，师父通常与弟子签订保密协议，只有师父和弟子能接触到这门技艺。这也是为什么它没有被广泛使用。第三，非物质文化遗产只为特定地区或人群所知，其生产过程是保密的，不会失去其独创性。需要指出的是，与物权的绝对排他性相比，非物质文化遗产的排他性更具相对性。对于实物文化遗产，其占有也排除了与他人分享的可能性。

此外，对于物质文化遗产的侵犯主要表现为强抢、毁损，而对于非物质文化遗产的侵犯通常与其所涉及的媒介无关。如果有人抢夺了一个使用某种非物质文化遗产制作方法所制造的工艺品，仅仅是侵犯了该工艺品的所有权；非物质文化遗产的创造者享有的专有权并不一定受到侵犯。然而，由于非物质文化遗产具有与实物文化遗产相伴的排他性，它不能仅凭物权的占有而得到保护。例如，某个药材的配制方法被盗取，一旦这个方法泄露出去，就无法保护了。这也是我国非物质文化遗产保护面临的普遍问题。尽管法律赋予非物质文化财产产权人具有排他性权利，但一旦受到侵犯，很难恢复到原来的状态。

三、非物质文化遗产保护的法律原则

（一）人权原则

非物质文化遗产要实现有效地传承和发展，必须依靠当地人民的积极参与。因此，在法律上对其进行保护时，应以"人"为基础，突出人的价值。在非物质文化遗产的保护中，我们应注重文化人权，尊重当地居民对非物质文化遗产的自主权，让他们能够自主选择非物质文化遗产的保护和发展道路，并认同他们的语言、风俗和制作工艺等。以"以人为本"的人权理念为基础不仅是国际上对文化多样性保护的核心理念，也是我们对文化遗产保护的基本理念。坚持以人为本，就意味着在法治层面上，所有立法、执法和司法活动都要以人的需求和权利为出发点和最终目标，充分尊重和体现人的价值，为人的主体作用提供良好的法治环境。

2001 年联合国教科文组织在《世界文化多样性宣言》中提出，"文化多样性保护本质是与人权不能分离的道德必需，隐含着人权承诺和基本自由，尤其是少数人群和原住民族的权利"，该条款说明了文化多样性的保护与人权息息相关。

2003 年通过的《保护非物质文化遗产公约》第 2 条中强调："……在本公约中，只考虑符合现有的国际人权文件，各社区、群体和个人之间相互尊重的需要和顺应可持续发展的非物质文化遗产。"这一条款充分表明，在对非物质文化遗产进行法律保护时，必须遵守人权保护的原则。只有尊重各个国家、地区和社区中团体和个人的需求，非物质文化遗产才能实现可持续发展。

2005 年发布的《保护和促进文化表现形式多样性公约》序言部分提到，颂扬文化多样性对充分实现《世界人权宣言》和其他公认的文书主张的人权和基本自由所具有的重要意义。并且该公约的第 2 条指导原则的第 1 项为："一、尊重人权和基本自由原则只有确保人权，以及表达，信息和交流等基本自由，并确保个人可以选择文化表现形式，才能保护和促进文化多样性。任何人都不得援引本公约的规定侵犯《世界人权宣言》规定的或受到国际法保障的人权和基本自由或限制其适用范围。"

2007 年颁布的《联合国土著人民权利宣言》序言中提到："……相信本《宣言》是在确认、促进和保护土著人民权利与自由方面，以及联合国系统在这一领域开展有关活动方面，再次向前迈出的重要一步，认识到并重申土著人有权不受歧视的享有国际法所确认的所有人权，土著人民拥有对本民族的生存、福祉和整体发展不可或缺的集体权利……"第 5 条规定："土著人民有权维护和加强其特有的政治、法律、经济、社会和文化机构，同时保有根据自己意愿充分参与国家政治、经济、社会和文化生活的权利。"第 11 条规定："1.土著人民有权奉行和振兴其文化传统与习俗。这包括有权保持、保护和发展其文化过去、现在和未来的表现形式，如古迹和历史遗址、手工艺品、图案设计、典礼仪式、技术、视觉和表演艺术、文学作品等。2.各国应通过与土著人民共同制定的有效机制，对未事先获得他们自由知情同意，或在违反其法律、传统和习俗的情况下拿走的土著文化、知识、宗教和精神财产，予以补偿，包括归还原物。"

总的来说，无论是国内法所倡导的人权原则，还是许多国际公约中提出的保护人权的条款，其目的都是避免政府对非物质文化遗产的过度干涉以及避免商人对非物质文化遗产的过度开发。我们应避免非物质文化遗产的无偿利用和歪曲。只有将人权原则作为第一原则，才能确保非物质文化财产受到尊重和保护，避免未经允许的不当使用，以追求非法利益的目的。

（二）利益平衡原则

非物质文化遗产是一种稀缺资源，不仅仅属于一个国家、一个民族或一个区域，它是对社区和整个社会都具有重要意义的文化资源。正如前文所述，非物质文化遗产本身具有知识产权的性质，因此，构建知识产权法律制度是在平衡多种利益主体之间进行的，正如吴汉东教授所说："权利的基本要素首先是利益，利益既是权利的基础和根本内容，又是权利的目标指向，是人们设定该项法律制度所要达到的目的（起始动机）之所在。"为了有效保护非物质文化遗产，必须通过法律制度的设计来协调不同利益主体之间的利益关系。非物质文化遗产的法律保护制度可以使各利益主体在稳定的状态下和谐共处，共同致力于非物质文化遗产的保护和发展。

非物质文化遗产的利益平衡主要涉及两个方面：文化利益与经济利益的平衡、社会利益与权利主体利益的平衡。

第一，非物质文化遗产是一种古老的文化资源，在当代社会中得以保留下来。它在不同的时期、地域和民族中展现出多样的文化内涵，富含丰富的文化价值。同时，通过商业化的开发和利用，可以将其转化为经济利益。因此，在法律保护非物质文化遗产时，也需要注意其所涉及的经济利益。从本质上看，非物质文化遗产的文化利益保护是为了保护特定群体或个人的精神利益。因为非物质文化遗产代表着特定地区的文化认同感，这种认同感是其传承和发展的必要条件。因此，当非物质文化遗产的收入被开发成商品时，需要更加关注特定群体和个人是否在情感上认可这种开发方式。非物质文化遗产的开发应当尊重其文化内涵，避免歪曲和破坏，同时确保开发的产品是否得到了非物质文化遗产的特定群体或个人的授权和许可。只有这样，才能保障非物质文化遗产的多样性，促进其可持续发展。值得指出的是，非物质文化遗产的发展应以市场为导向。如果某种非物质文化遗产具有极高的文化价值，却不适合进行市场化发展，可能会被忽视。然而，我们也不能因为其无法转化为经济利益而忽视对其的保护。在保护非物质文化遗产时，需要平衡文化价值和经济利益的关系，确保其合理而可持续发展。

第二，非物质文化遗产具有公共属性，因此存在着社会利益。这种社会利益体现在非物质文化遗产作为特定国家、地区的共同文化财富，其保护关乎国家文化主权和民族文化权益等公共利益。此外，由于非物质文化遗产是由特定的创造者和传承者进行发展和传承的，其具有私利性质。因此，借鉴知识产权制度设计的经验，非物质文化遗产的创造者和传承者应该享有一定的精神权益和财产权。《保护非物质文化遗产公约》的一个宗旨就是尊重相关社区、团体和个人的非物质文化遗产，并明确规定了各个社区、特别是原住民和团体，在非物质文化遗产的生产、保护、延续和再创造中的重要作用。这表明在对非物质文化遗产进行法律保护时，必须平衡公共利益和遗产创造者与传承者的个人利益。从经济开发的角度来看，如果只关注非物质文化遗产的社会利益，将非物质文化遗产视为公有财产，认为任何人都有权利开发利用，可能导致随意开发和利用的问题。结果就是非物质文化遗产的文化利益和救济性利益受到损害。

然而，如果只关注非物质文化遗产的私利性质，认为只有非物质文化遗产所在区域内的团体享有专属权利，而当团体数量众多时，可能会出现利益冲突和难以界定的情况。即使有代表性的传承者向市场主体授权，市场主体也可能担心会受到其他特定传承者的起诉。因此，利益平衡原则要求在公共利益和个人利益之间进行协调，确保各方利益不会缺失或失衡，从而推动非物质文化遗产的良性发展。

第三节　非物质文化遗产保护法律制度反思

一、非物质文化遗产的法律保护现状

（一）我国国家层面对非物质文化遗产进行的保护

我国《宪法》第47条规定："中华人民共和国公民有进行科学研究、文学艺术创作和其他文化活动的自由……"这体现了我国根本大法对文化参与权利的保障。该条还规定对文化领域的"创造性工作，予以鼓励和帮助"，体现了国家对文化创作创造工作的鼓励态度。上述《宪法》中的相关条款是我国非物质文化遗产法律保护体系设计与执行的最高导向。《非物质文化遗产法》是一部专门为强化非物质文化遗产保护和传承而制定的法律。该法规定了非物质文化遗产的多种表现形式，包括非物质文化遗产的普查、非物质文化遗产代表名录的建立以及非物质文化遗产传承人的确定。此外，对于破坏非物质文化遗产的个人，该法也规定了相应的法律责任。《非物质文化遗产法》明确了政府在文化资源保护和文化产业发展方面的主要职责，为公众实现文化共享和文化参与等权利提供了法律保障。然而，由于抽象的行政行为具有不可诉诸法律的性质，因此文化行政立法对于公民的文化权利进行了规定，使其与宪法中的文化权利具有同等地位。总体而言，它是一种"应然性"的文化权利，很难通过行之有效的救济机制来实现。

《传统工艺美术保护条例》第2条规定："本条例所称传统工艺美术，是指百年以上，历史悠久，技艺精湛，世代相传，有完整的工艺流程，采用天然原材料制作，具有鲜明的民族风格和地方特色，在国内外享有盛誉的手工艺品种和技艺。"事实上，这一规定也包括了对传统艺术作为非物质文化遗产的保护。《传统工艺美术保护条例》规定，当传统工艺美术转变为艺术品时，必须加强对其保护，并制定保密制度，不得向任何人透露在生产过程中所了解的技术秘密或商业秘密。违反者将面临行政处罚，甚至刑事处罚。

这一条例与《非物质文化遗产法》中对非物质文化遗产传承者身份确认的规定相似。2013 年修订《传统工艺美术保护条例》时将第 12 条修改为："符合下列条件并长期从事传统工艺美术制作的人员，由相关行业协会组织评审，可以授予中国工艺美术大师称号：（一）成就卓越，在国内外享有盛誉的；（二）技艺精湛，自成流派的。"

从整体上看，无论是通过立法确定国家非物质文化遗产代表项目名录，还是通过立法确定其代表传承者并授予其"中国技艺大师"的称号，这些荣誉都对激发非物质文化遗产传承人的传承热情有益。这不仅是对非物质文化遗产传承人工作的肯定，还能够为非物质文化遗产特定群体提高文化素养、增强保护意识起到榜样作用，鼓励更多人参与到非物质文化遗产的保护与传承中。

（二）我国地方层面对非物质文化遗产进行的保护

我国对非物质文化遗产的立法保护始于地方立法。《云南省民族民间传统文化保护条例》（已废止）于 2000 年 9 月 1 日实施，是我国最早的地方性法规，旨在保护非物质文化遗产。该条例明确规定了民族民间传统文化的保护范围，并涉及本地区的保护和挽救、云南省民族民间传统文化传承人的推荐和认定、民族民间传统文化工艺美术珍品的交易和出境，以及云南省政府的保障措施。这可以说是一项相对完整的地方性法规，用于保护非物质文化遗产。

2003 年 1 月 1 日实施的《贵州省民族民间文化保护条例》（已废止），基本上与云南省地方性法规相同，在范围上增加了"保存比较完整的民族民间文化生态区域与具有民族民间代表性的传统节日、庆典活动、民族体育和民间游艺活动以及具有研究价值的民俗活动"。

这两部地方性法规的保护对象基本包括了非物质文化遗产的全部内容。此后，一些地方陆续颁布了与非物质文化遗产有关的条例，如《福建省民族民间文化保护条例》（已废止）和《广西壮族自治区民族民间传统文化保护条例》（已废止）。自 2011 年通过并实施《非物质文化遗产法》以来，许多地方纷纷颁布了相关条例，据查证，目前已有十多个地方，包括北京市、福建省、山东省、四川省、黑龙江省、重庆市、辽宁省、湖北省、广东省、安徽省等，出台了非物质文化遗产保护条例。

此外，一些地区还制定了地方性法规，针对具体非物质文化遗产进行保护。这些地方性法规根据当地非物质文化遗产的表达形式，确立了保护范围，展示了地方政府对当地非物质文化遗产保护的重视。这种做法既有助于有针对性地保护特定的非物质文化遗产表达形式，又为其他地方政府在保护相同类型的非物质文化遗产方面提供了典型示范。

总体而言，我国各地方立法在宪法和法律框架下制定了特定的法规，结合当地非物质文化遗产的特点，起到了积极的保护作用，实现了国家和地方之间多层次的立法配合。

地方性法规在非物质文化遗产的法律保护中是不可或缺的补充。需要注意的是，我国关于非物质文化遗产保护的行政法规远多于民事法律文件。目前，我国主要通过行政法来保护非物质文化遗产，但行政法在确定不同形式的非物质文化遗产是否属于知识产权保护范围以及如何利用知识产权进行保护方面没有具体规定。因此，我们需要进一步研究和完善如何运用知识产权法律制度来保护非物质文化遗产，以完善民法对非物质文化遗产的保护。

（三）与非物质文化遗产相关国际组织及公约的规定

联合国教科文组织在教育、科学和文化领域推动国际合作，是保护非物质文化遗产的主要组织。2003 年，联合国教科文组织通过了《保护非物质文化遗产公约》，该公约在第 1 条就标明其公约建立的主旨为："本公约的宗旨如下：（一）保护非物质文化遗产；（二）尊重有关社区、群体和个人的非物质文化遗产；（三）在地方、国家和国际一级提高对非物质文化遗产及其相互欣赏的重要性的意识；（四）开展国际合作及提供国际援助。"通过该公约的颁布，非物质文化遗产正式纳入世界遗产保护体系。

值得一提的是，该公约采用了多元保护方法，要求合约国采取法律、技术、行政和财产措施来保护非物质文化遗产。保护非物质文化遗产的项目包括确认、立档、研究、保存、保护、宣传、弘扬、传承（尤其是通过正规和非正规教育）和振兴。此外，还需要建立清单制度、公众参与机制、国际合作和授助等完善的保护制度与机制。

2005 年，联合国教科文组织大会通过了《保护和促进文化表现形式多样性公约》，其中包括保护非物质文化遗产的措施。这些措施涵盖了存活的人类财产项目、人类语言遗产和支持语言项目、非物质文化遗产评选项目以及世界传统音乐保护项目。此外，联合国教科文组织开展"人类口头和非物质文化遗产代表作"和关于"建立人类活珍宝制度的指导性意见"的活动，对世界很多国家开展非物质文化遗产评估鉴定工作在理论和实践上给予了支持和保障，并有力地促进世界各地非物质文化遗产的传承和弘扬。

世界知识产权组织也在推动非物质文化遗产保护方面发挥重要作用，因为非物质文化遗产具有知识产权属性。根据 1999 年保护民俗世界论坛通过的行动计划建议，WIPO 与教科文组织组织了四次区域协商会议，讨论保护民俗表达的问题。2000 年底，WIPO 成立了一个政府间委员会，专门讨论知识产权与遗传资源、传统知识和民间文学艺术等主题，以促进成员国之间的讨论。经过多次讨论，2007 年 12 月形成了《保护传统知识政策目标与核心原则条款修订草案》（以下简称《修订案》），根据《修订案》1 条第（a）款的规"传统文化表达"或"民俗表达"可以是任何形式，既可以是有形的还可以是无形的；既可以是传统文化也可以是知识的表达、出现或表现，如口头表达（故事、史诗、传说）、音乐表现形式（歌曲和器乐）以及行动表达（舞蹈、戏剧、仪式）。要根据 WIPO 修订后的规定作为保护主题，这种表达形式必须能反映社区文化和社会特性和文化遗产的特点。它们还必须满足其他条件，如"由该社区或有权或有责任按照该社区的习惯法律和做法维护、使用或开发"。

二、非物质文化遗产商标权、专利权的保护困境

（一）非物质文化遗产商标权的保护困境

我国对非物质文化遗产的商标权保护实质上是对传统标志的保护。非物质文化遗产的所有者或权利人可以将特殊符号、颜色、字母或形状等传统标

志作为商标，以获取与其他非物质文化遗产区分的专有权。

商标的类型包括商品商标、服务商标、集体商标和证明商标等。与其他知识产权不同的是，商标仅享有 10 年的使用期限，但在商标注册到期后仍可继续使用，这与非物质文化遗产的历史性特征相一致。任何具体的团体或个人只要将他们的精神文化遗产作为商品或服务，就可以进行商标注册。

在某个地区的集体组织中，通过具有代表意义的行业协会，向该地区的传承者申请注册集体商标或证明商标，这不仅可以让该地区的传承者建立一个自主的集体组织，还便于对当地非物质文化遗产传承者进行搜集和统计，同时提供公益服务。这样的做法还可以集中精力共同经营，积累声誉，避免市场上的恶性竞争，以及防止非物质文化遗产区域内人们对商标的恶意使用。然而，用商标来保护一些非物质文化成果的象征或保护非物质文化遗产的传承都具有一定的局限性。

首先，并非所有的非物质文化遗产都具备商业开发的潜力，也不是所有的非物质文化遗产都可以以产品或服务的形式进入市场，因此无法满足商标注册的基本条件。这使得一些非物质文化遗产无法通过商标形式进行保护。其次，商标权保护采用的是"申请优先"的原则，这意味着对非物质文化遗产的标志或相关产业的运营都需要进行商标注册。这对非物质文化遗产的保护和人们对其的认知产生了影响。此外，采用集体商标、证明商标等方式来保护非物质文化遗产也存在一些问题，如申请主体难以界定和权利容易被滥用等。

（二）非物质文化遗产专利权的保护困境

我国对非物质文化遗产的专利保护本质上是对传统知识的保护。专利制度的出现旨在鼓励人们从事创新和发明，推动社会科学技术的进步。根据《非物质文化遗产法》的规定，非物质文化遗产中的传统技术，如传统工艺和医学，是可以申请专利的。

然而，利用专利权保护非物质文化遗产中的传统知识面临许多问题。

首先，专利的保护申请必须符合《专利法》对新颖性、创造性和实用性等方面的规定，并且需要充分披露有关技术信息，使其能够被同领域的专业技术人员所了解和使用。因此，非物质文化遗产若采用专利保护，可能会面临技术信息泄露的风险。对于一些特殊技艺和手工艺的传承，它们往往依赖口口相传、代代相传的秘密传统，这为它们赋予了独特和神秘的特质。如果通过公开披露来获得专利保护，可能会带来一定的不利和不必要的风险。另外，对于已经公开的传统技术，由于不符合《专利法》对新颖性的规定，很难获得专利保护。

其次，专利拥有明确的有效期限。根据我国《专利法》第四十二条的规定，发明专利、实用新型专利和外观设计专利分别享有 20 年、10 年和 15 年的保护期。对于非物质文化产品中的技术信息，如传统技术和手工艺等，这种保护期限明显不利于其保护。

最后，即使是运用传统技术，尤其是中医学和中医药方面的技术，也可能受到现有专利保护的限制。正如前文所述，专利申请要求充分公开相关技术信息，以便领域内的专业技术人员可以理解和使用。在此基础上，对改进部分可以获得专利保护，但披露的技术信息不仅应限于改进内容，还需披露实现该技术的全部方案。这对于传统知识，特别是尚未公开的知识而言，可能带来更多负面影响而不利于其保护。

三、非物质文化遗产版权保护的可行性与疑难问题

（一）非物质文化遗产版权保护的可行性

首先，在《著作权法》中，文学、艺术等非物质文化遗产类型的传统文化作品，具有一定的格式条件。《著作权法》对于"创作"的定义要求"创作"应当是"创作主体思想的具体表现"和"创作主体在某种程度上的独创性"。在文学和艺术方面，包括年画、民间文学和民乐等，以及电视剧等，在《著作权法》中都被视为典型的作品。由于这些作品体现了创作者的思想，它们的独创性与其他作品有所不同。这些非物质文化遗产作品是《著作权法》特殊规定的一种形式，受到法律保护。

其次，我国《著作权法》第六条明确规定了民间文艺作品的版权保护，并对其做出了相应规定。尽管国务院尚未出台关于民间文学作品的具体规定，

但根据《著作权法》第六条，民间文学作品已被纳入《著作权法》的保护范围，因此对民间文学作品的保护具有重要意义。其他非物质文化遗产中的传统文艺类作品在本质上与民间文艺类作品没有太大区别，因此也可以被归类为传统文化类作品，这一点毋庸置疑，应该纳入《著作权法》的保护范围。

再次，《著作权法》第二十二条明确规定了作者的署名权、修改权和作品完整性权的保护期限。即这些权利是一种特殊的人身权利，具有永久性。这与非物质文化遗产所涉及的特定民族或群体对其传统文化身份的追求是一致的，同时也为保护长期历史遗留下来的传统文学艺术作品提供了法律依据。根据我国《著作权法》的规定，非物质文化遗产的承载者或所属的民族或群体可以通过对作品的署名权、修改权和作品完整性等权利的行使，对所代表的民族或群体进行保护。

最后，《著作权法》还明确规定了著作权人与著作权人之间的权利关系。对于一些必须由传承人演出才能传承下去的非物质文化遗产，例如内蒙古长歌和民间戏曲，传承人可以在演出中直接要求表演权。对于投资制作非物质文化遗产节目的录音录像制作者或视听作品的制作者，他们也可以直接主张对所制作的录音录像制品享有制作者权或对视听作品享有著作权，从而激励他们传播非物质文化遗产。换言之，运用著作权来保护非物质文化遗产，在理论上是可行的，并且在实践中也有了直接的法律基础。

（二）非物质文化遗产版权保护的疑难问题

虽然现行《著作权法》提供了对非物质文化遗产进行版权保护的法律依据，但在实践中仍存在诸多疑难问题，导致事实上的维权困境。

首先，非物质文化遗产著作权的归属存在一定的不确定性。为了有效行使这些权利，必须确定权利人的身份。非物质文化遗产往往是一群人的历史遗产，而非个人的创作成果，因此将其视为著作权人并无法律依据。代表非物质文化遗产的群体，或者负责管理和保护非物质文化遗产的组织，也未必具备法律上的主体资格。即使这些群体或组织具备法律主体资格，也不一定能够代表整个族群。关于他们的权利，仍存在一些法律上的缺陷。

例如前面提到的《乌苏里船歌案》中，原告是地方政府，但对于政府的诉讼权利，学者们也对其表示怀疑。在这方面，一些学者提出了不同的看法，即行政强制执行与政府职责不符，也没有相应的法律依据。因此，对于非物质文化遗产自身的著作权主张，首先需要在法律上明确规定其应当和能够行使的权利。这是首要关注的问题，涉及非物质文化遗产著作权保护的核心

其次，版权中财产权具有法定期限，通过版权保护非物质文化遗产，无法解决保护期限的问题。现行《著作权法》第 23 条第 1 款和第 2 款规定，自然人的作品，其发表权、本法第 10 条第 1 款第 5 项至第 17 项规定的权利（著作财产权）的保护期为作者终生及其死亡后 50 年，截止于作者死亡后第 50 年的 12 月 31 日；如果是合作作品，截止于最后死亡的作者死亡后第 50 年的 12 月 31 日。

法人或者非法人组织的作品、著作权（署名权除外）由法人或者非法人组织享有的职务作品，其发表权的保护期为 50 年，截止于作品创作完成后第 50 年的 12 月 31 日；本法第 10 条第 1 款第 5 项至第 17 项规定的权利的保护期为 50 年，截止于作品首次发表后第 50 年的 12 月 31 日，但作品自创作完成后 50 年内未发表的，本法不再保护。虽然《著作权法》规定的人身权不受期限限制，对非物质文化遗产的保护有利，但在作品的财产性权利，也就是经济权利方面，却有明确的保护期限。由于非物质文化遗产作品的合法保护期已过，即使能够确认其著作权人，其权利也不一定能够得到确认。同时，根据《著作权法》，很难直接要求侵权人停止侵权行为并进行经济补偿。非物质文化遗产是一种无形的文化资源，经历了漫长的历史进程，具有不断发展的特点。如果对其进行时限限制，一方面，其经济价值远远超过 50 年，但由于超过了 50 年的保护期，权利主体无法获得应有的经济利益。另一方面，时效限制也有可能对著作权人的经济价值造成损害。

最后，版权法定权利与非物质文化遗产的保护要求存在不一致性。《著作权法》第 10 条规定了权利人对其作品享有的 17 项法定著作权，包括发表权、署名权、修改权、保护作品完整权等 4 项人身权，以及复制权、发行权、出租权、展览权、表演权、放映权、广播权、信息网络传播权、摄制权、改编权、翻译权、汇编权、应当由著作权人享有的其他权利等 13 项财产权。著作权人可以许可他人行使，也可以全部或者部分转让第 5 项至第 17 项规定的

权利，并依照约定或者《著作权法》规定获得报酬。

　　非物质文化遗产的保护在某些方面与著作权保护具有相似的规定，例如证明作品出处、获得许可并支付费用等。然而，在具体的权利内容和行使方式上存在显著差异。著作权可以被转让，而无形资产则无法转让。此外，对非物质文化遗产进行商业化开发和利用，并不一定都能够通过版权的权利控制来实现，即无法仅仅通过版权许可来确定双方的权利和义务。版权保护模式对于非物质文化遗产的使用、许可、转让等实际操作并不适用，因此非物质文化遗产无法通过版权保护模式实现可持续发展。

第四节　非物质文化遗产产业发展展望

一、非物质文化遗产保护与传承的制度完善

2017 年 1 月，中共中央办公厅、国务院办公厅印发的《关于实施中华优秀传统文化传承发展工程的意见》提到："党的十八大以来，在以习近平同志为核心的党中央领导下，各级党委和政府更加自觉、更加主动推动中华优秀传统文化的传承与发展，开展了一系列富有创新、富有成效的工作，有力增强了中华优秀传统文化的凝聚力、影响力、创造力。同时要看到，随着我国经济社会深刻变革、对外开放日益扩大、互联网技术和新媒体快速发展，各种思想文化交流交融交锋更加频繁，迫切需要深化对中华优秀传统文化重要性的认识，进一步增强文化自觉和文化自信；迫切需要深入挖掘中华优秀传统文化价值内涵，进一步激发中华优秀传统文化的生机与活力；迫切需要加强政策支持，着力构建中华优秀传统文化传承发展体系。"

非物质文化遗产是指各民族世代流传下来的、被视为其文化遗产重要组成部分的多种传统文化表现形式，以及与传统文化表现方式有关的实物和地方。中国各地的传统文化都非常丰富。如何通过合法的方式保护我国的民族传统文化，使其在继承中得到发展和创新，以及如何更好地发挥我国优秀传统文化的作用，为中国法治文化的发展作出贡献，具有重要的理论和现实意义。近几年，潍坊市通过法律途径对杨家埠木版年画进行保护，并将其认定为一项非物质文化遗产，为我国的全面建设提供了新的思路，并取得了一定的成效。然而，随着杨家埠木版年画技术的传承和保护，年画产业的发展以及人才培养，一些新的问题和矛盾逐渐浮现出来，亟待整理和改进。

（一）非物质文化遗产的知识产权保护建议

在当前阶段，非物质文化遗产的知识产权保护是一项相当重要的法律措施。虽然知识产权保护主要关注对非物质文化遗产相关传承人或机构的私权

保护，但同时也能发挥保护公共利益的功能。在知识产权保护的途径上，应该在继承和发展两个方面寻求平衡。要使潍坊市的非物质文化遗产产业得到更好的发展，就必须加强对其知识产权的保护。在对非物质文化遗产进行知识产权保护时，除了"创作权"可以自行获得之外，其他权利需由权利人提出申请，并经过法律机关的批准。

第一，关于杨家埠木版年画等非物质文化遗产的专利和商业秘密保护问题，有必要采取措施来确保其合法保护。为了推进这项工作，首先需要政府、相关行业组织、杨家埠木版年画的核心传承人和重点企业共同组建工作机构。该机构将对杨家埠木版年画所涉及的具体工艺、技法、材料等进行梳理和分类，并确定传统技艺和知识的信息范围，并加以固化和确认。其次，在明确划定了传统技艺和知识信息边界的基础上，需要寻求创新和突破的思路和方向。相关机构应组织科研技术人员进行研究，并提出新的技术方案。这些方案应针对已有传统技艺和知识进行创新，以提高年画制作加工工序的效率和质量。例如，调整优化制作加工工序，开发独特的颜料配方或加工制作技术等都有可能形成可专利的技术内容。最后，对于确实具有实效的新技术方案，需要谨慎评估是否适合提出专利申请，或者将其作为商业秘密加以保护。非物质文化遗产的专利保护难点在于区分其中属于传统知识的部分。只有那些包含创新部分的技术方案，才适合通过专利进行保护。

第二，关于杨家埠木版年画等非物质文化遗产商标保护的问题，商标是用于区分商品和服务来源的标记。一旦非物质文化遗产进入市场领域，经营者就有必要考虑进行商标保护。针对杨家埠木版年画产业的商标保护问题，我们可以从以下三个层面进行思考。首先，作为个体经营者，无论是以个体工商户的名义从事年画制作和销售，还是以个人独资企业或公司名义进行年画的设计、制作、加工和销售等业务，都可以申请专属商标，用以区分自己提供的商品和服务与其他杨家埠木版年画经营者的区别。这个商标可以是经营者企业的名称，也可以是个人传承者的姓名或肖像。只要符合《商标法》的注册条件，都可以考虑申请商标保护。其次，作为行业组织或协会，可以考虑申请集体商标。集体商标是由一个团体、协会或组织代表其成员共同使用的商标。杨家埠木版年画行业的相关组织可以联合申请一个代表该行业的集体商标，以加强品牌形象和市场竞争力。最后，政府部门可以通过申请证明商标，以保护杨家埠木版年画作为非物质文化遗产的地理标志。地理标志是指一个产品的质量、声誉或其他特征与其地理起源地相关联的标志。政府可以协助杨家埠木版年画产业申请地理标志商标，确保其与特定地区的制作工艺和品质相联系，增强产品的独特性和市场竞争力。

第三，关于杨家埠木版画及其他非物质文化遗产的版权保护问题，我们可以从四个角度进行探讨。首先，针对现存的杨家埠木版年画，应进行采集、记录和保存工作，以明确哪些作品属于前人创作，并且与之相关的知识产权不再受到保护，可以供大众使用。其次，对于传承人或相关公司所创造的新作品，应意识到版权保护的重要性，并注意保留原作的原稿。如果有需要，可以尽快考虑进行作品的注册，以作为将来版权纠纷的证明。然后，需要树立广泛的版权保护意识，不仅要向杨家埠木版年画的创作者宣传版权法律，还应向使用杨家埠年画进行产品设计、开发、销售等方面的其他公司进行宣传。经营者尤其需要清晰理解版权法律，避免错误地认为杨家埠木版年画是非物质文化遗产，就无需版权保护，从而陷入被侵权的境地。最后，政府应考虑给予杨家埠木版年画传承者或相关公司适当的补助或支持方式，以维护其版权权益。尤其在版权维护成本高昂、赔偿额有限的情况下，政府的支持显得尤为重要。一旦发生对"杨家埠"非物质文化遗产权益造成损害的情况，政府应该支持"杨家埠"非物质文化遗产权益主体，为其维权提供帮助。

（二）构建非物质文化遗产保护新模式

在此基础上，结合非物质文化遗产自身的特征，并借鉴先进国家和地区的成功经验，可以从加强政府、社会组织和个人之间的合作关系的角度出发，建立更为有效的非物质文化遗产保护新模式。

首先，考虑到非物质文化遗产具有公共性的特征，政府在其保护与开发中应承担领导职责。例如，政府可以在主导下或资助下，通过广泛深入研究非营利社会团体或机构，建立非物质文化遗产的资料库。这个数字资料库可以收集与非物质文化遗产相关的内容和信息，并向社会公开，不包括机密资料，以方便市民获得有关非物质文化遗产的信息。

其次，在保护非物质文化遗产权益方面，可以通过行业协会、司法部门等途径构建保护非物质文化遗产权益的法律援助体系。鉴于非物质文化遗产本身的法律性质较为复杂，维护其权益的诉讼具有高度专业性和专门性。为了让非物质文化遗产的传承者或企业能够确定自身的权利，判断其权益是否受到侵害，以及采取何种法律程序和方式来维护权益，通常是困难的。因此，政府或相关行业机构应建立保护非物质文化遗产权益的援助机制，为非物质文化遗产的传承者或企业等利益主体提供法律咨询，并在需要时帮助他们发起维权行动。此外，司法机构应加大对非物质文化遗产的司法保护力度，对确有侵权行为的被告予以更为严厉的处罚。同时，检察机关还应积极探索可操作的非物质文化遗产公益诉讼机制，为非物质文化遗产提供更多法律选择。

二、构建商业开发与利用非物质文化遗产的利益分享机制

（一）"权利弱化与利益分享理论"的引入

非物质文化遗产既具有公共属性又具有知识产权属性。如果我们只关注其知识产权属性而忽视其公共属性，就会限制所在区域居民对非物质文化遗产的合理使用、传播和创新，从而阻碍其传承和发展，最终限制了非物质文化遗产的产业化发展。

知识产权是我国非物质文化遗产发展的必要条件。在现行的知识产权制度中，许可权和禁止权是指知识产权拥有者依法对其智力成果进行使用的权利。没有获得知识产权拥有者的许可，任何第三方都不能以盈利为目的进行相关活动，知识产权拥有者有权要求其停止侵权行为，除非法律另有规定。采用"许可权+禁止权"的保护方式，使著作权人享有近乎垄断的权利。如果将著作权完全转让给某一具体的传承人，将剥夺著作权的公益性。

为了在保护和商业开发非物质文化产品时兼顾利益，实现最大效益，在产业发展过程中，非物质文化遗产的经济效益不仅应与创作者和管理者共享，还应与投入大量时间和精力的用户共享。否则，许可权和禁止权的运用很难使人们享受到这种权益的最大价值，即文化遗产的价值。非物质文化遗产的

保护旨在传承和发展，将其纳入知识产权保护制度中是因为两者存在同质性。因此，我们可以利用知识产权的力量，激励更多非物质文化遗产传承者加入保护和发展的行列，以防止非物质文化遗产的流失。然而，我们也要防止非物质文化遗产的传承者滥用禁止权，限制其他传承者对非物质文化遗产的推广、创新和发展。

为了加强对非物质文化遗产的保护，"权利弱化和利益共享说"被提了出来。这一学说认为，知识产权的拥有者对自己的智力成果享有合法的权益。任何其他人在没有得到知识产权所有人的许可的情况下，擅自以营利为目的来实施他们的智力成果，知识产权所有人有权请求赔偿损失，并依法享有请求该侵权行为人以合理的条件与其签订知识产权许可使用合同的权利。如果侵权者没有正当的理由，不同意在合理的条件下与拥有者订立许可使用协议，拥有者可以要求其停止侵犯。但本法之规定及其他特殊情况者，不在此限。

在非物质文化遗产的保护和产业发展过程中，将"权利弱化与利益分享理论"引入其中，这既可以发挥出对知识产权的激励作用，也可以在某种程度上对非物质文化遗产传承人的智力成果进行保障。与此同时，还要充分认识到非物质文化遗产的生存能力，尤其是任何个体以非物质文化遗产为基础而创造的智力成果，都离不开非物质文化收入的公共资源。这一公共资源是一代又一代的非物质文化遗产创造者的积累，它可以由非物质文化产品的集体组织来管理。并不能当然地禁止该非物质文化遗产集体组织的成员对其公共资源的再利用，并且，作为非物质文化遗产的受益人，也应该让渡一部分自己的利益，允许其他非物质文化遗产的创作者对其开发的成果进行合理的商业开发和利用。任何一种非物质文化遗产的发展，都不能离开先人的贡献，它是在非物质文化遗产区域内的人民一起创造并将其传承下去的结果。

对非物质文化遗产的保护同样需要资金的支撑，所以，削弱个人权益，构建一种让其创造者、传播者和开发者利益共享的制度，是一种切实可行的做法。以"权利弱化与利益共享理论"为基础，非物质文化遗产的知识产权所有人仍然拥有着专属的权益，并且应该在不同的情形下使用禁止权，在其发现别人侵害了自己的知识产权的时候，权利人应该在第一时间，就是向侵权者行使以利益分享为基础的损害赔偿请求权与实施许可合同订立请求权，而不是立即行使停止侵害请求权，或者以绝对排他权原则为基础，要求侵权者进行全额赔偿。此外，个人以其为基础所获得的知识产权并不妨碍其所在区域或社团内的其他会员以其共有资源为基础享受同样的权益，唯有如此，才能推动非物质文化遗产的共同发展和创新。

总的说来，"权利弱化与利益分享理论"不仅对智力工作者对他们的智力成果拥有的专有权利进行了确认，而且还将他们依法享受的知识产权朝着更具效益性的方向进行了弱化，最大程度地提高了知识产权所有人的利益、智力成果使用与开发者的利益和社会的整体利益，为将知识产权最大程度地转换为社会生产力、企业竞争力和国家的整体竞争力打下了牢固的制度基础。

（二）非物质文化遗产权利主体与相关利用主体之间的利益分享机制

对非物质文化遗产的保护同样需要资金的支撑，所以，削弱个人权益，构建一种让其创造者、传播者和开发者利益共享的制度，是一种切实可行的做法。以"权利弱化与利益共享理论"为基础，非物质文化遗产的知识产权所有人仍然拥有着专属的权益，并且应该在不同的情形下使用禁止权，在其发现别人侵害了自己的知识产权的时候，权利人应该在第一时间，就是向侵权者行使以利益分享为基础的损害赔偿请求权与实施许可合同订立请求权，而不是立即行使停止侵害请求权，或者以绝对排他权原则为基础，要求侵权者进行全额赔偿。此外，个人以其为基础所获得的知识产权并不妨碍其所在区域或社团内的其他会员以其共有资源为基础享受同样的权益，唯有如此，才能推动非物质文化遗产的共同发展和创新。

总的说来，"权利弱化与利益分享理论"不仅对智力工作者对他们的智力成果拥有的专有权利进行了确认，而且还将他们依法享受的知识产权朝着更具效益性的方向进行了弱化，最大程度地提高了知识产权所有人的利益、智力成果使用与开发者的利益和社会的整体利益，为将知识产权最大程度地转换为社会生产力、企业竞争力和国家的整体竞争力打下了牢固的制度基础。

在非特定地域范围内的其他商业性开发和使用主体之间，应构建一种合理的利益共享机制。非物质文化遗产的精神利益是属于整个非物质文化遗产特定群体的利益，它具有一种特殊的性质，与著作权中的人身权相似，但非物质文化遗产特定群体及个人的人身权利是不能转让的。指的是他人在对非物质文化遗产进行商业利用的时候，不能歪曲非物质文化遗产的内涵，其产品应与非物质文化遗产本身要传达的思想保持一致。非物质文化遗产保护区域内的企业，如要对其进行开发，必须征得该区域内企业或个人的同意，也就是该区域内的企业或个人拥有该区域内企业的财产权利。此外，根据前面提到的"权利弱化与利益分享"理论，在不能对非物质文化遗产进行直接禁止的情况下，商业开发者首先应该对非物质文化遗产的权利人进行补偿，并通过补签合同等方式，将非物质文化遗产的商业开发和利用进行下去。

关于利益分享的模式，可以参考与借鉴其他国家的有益做法。

首先，通过法律法规确定一个利益分享比例。如 2002 年秘鲁《关于建立土著人生物资源集体知识保护制度的法律》第 8 条规定，基于集体知识开发出的货物总销售额税前价值的至少 10% 应支付给土著人发展基金；第 27 条第 3 款规定，土著人因利用其集体知识而接受的补偿应包括促使其可持续发展的初始货币或其他相当惠益，其比例不低于直接或间接基于集体知识开发出的货物总销售额税前价值的 5%，视具体情况而定。

其次，由非物质文化遗产的开发利用者与非物质文化遗产的主管部门协商，设定一定的利益分享参考因素，根据不同的个案确定利益分享比例。如 2004 年印度所出台的《生物多样性规则》第 20 条关于惠益分享的具体计算公式中提到，利益分享的数额，开发和利用主体应与当地主管机构共同商定，并可适当考虑使用范围、可持续性、预期成果水平等，包括确保保护和可持续利用生物多样性的措施等。

最后，非物质文化遗产的开发利用者可以以合同方式与非物质文化遗产所有者协商利益分享方案，同时在法律法规中确立损害赔偿的法律规则。如 2001 年巴西《保护生物多样性和遗传资源暂行条例》第七章利益分享提到，利益分享包括相关传统知识的产品和工艺进行经济开发而获取的利益，其中对未按照规定的条件利用获取的传统知识并进而研制出产品和方法的经济开发行为，应由过错方支付损害赔偿，数额不低于产品销售的总收入或责任人将产品或技术许可第三方利用时所获总收入的 20%，无论是否受到知识产权保护，也无论是否受到行政制裁或适当的处罚。

总的来说，非物质文化遗产的产业化发展需要综合考虑文化传承和经济利益之间的平衡。确立非物质文化遗产利益共享机制是一种理论上可行的选择，也是现实中迫切需要的举措。该机制可以激发非物质文化遗产区域内的群体和个体积极参与保护工作，并为其产业化发展提供长期的保障，推动区域经济实现跨越式发展。非物质文化遗产是一种凝聚着传统科学技术、经济和艺术智慧的无形财富，是继承者生存的基础，体现着族群传统文化的特征，也是中华优秀传统文化的重要组成部分。它对于传统村落和社区的经济和社会发展具有内在的动力。因此，为非物质文化遗产提供适当的法律保护与规范，对于促进文化繁荣和推动产业化发展具有重要的现实意义。

第三章　非物质文化遗产传承的路径与模式

教育既是一种文化遗产，又是一种文化传承方式，对文化的生成、保存、积累以及不断更新和创新都起着重要作用。

冯增俊先生在《教育人类学》中从文化的生成、传播、传承和功能四个角度探讨了文化与教育之间的联系。首先，从文化生成的角度来看，文化本身是通过教育的积累和扩展得以形成的，只有通过教育过程才能实现其发展。其次，从文化交流的角度来分析，文化的创新和发现是一个共同的含义系统，需要通过广泛的普及和传播，在文化中建立起集体意识，并得到社会的共同认可，从而演化为文化。再次，从文化传承的角度来看，教育是活跃的文化形式，通过教育促进文化的发展，实现对传统文化的传承和融合，从而使其代代相传。最后，在文化的功能和目标方面，文化和教育具有相同的性质。作为一种工作机制，教育需要有一套相应的教学制度，以确保教学效果的一致性。

教育推动民族文化心理的传承，实现民族文化的保护和积累，加速民族文化的更新和发展。建立一套新型的非物质文化遗产教育与传承制度时，需要遵循共生、整合和创新的基本原则。一方面，应积极探索手工艺传承在学校教育中的方式，并使其更好地发挥学校教育对手工艺传承的引导作用。另一方面，非学校教育作为传统工艺传承的一种补充，需要扩展其范围，包括社区教育、网络教育等，发掘和开发工艺传承的途径。通过共同努力，推动我国非物质文化遗产的传承和发展。

第一节　保护与传承载体

非物质文化遗产包含三个主要方面：

第一，涵盖了非物质形式的文化遗产，例如民俗活动、表演艺术、传统知识和技能等。这些遗产无法以物质形式呈现，而是通过人们的行为或物体的运动来展示其内在的价值和意义。比如，习俗是通过日常生活中的表达来体现的，传统工艺则存在于其制作过程中。因此，这些形式的遗产明显地依赖于人或物作为有形的媒介。

第二，物质形式的非物质文化遗产与物质遗产相关联，包括器具、实物和工艺品等。这些物质实体在展示非物质文化遗产时起着重要作用。作为非物质文化遗产的载体，它们需要具备一定的物质形态才能呈现或展示。古琴乐器和昆曲服装等有形实物就是这种物质形态的例子。它们本身就是物质存在，同时也代表了非物质文化遗产的一种体现。

第三，文化空间或文化场所是综合总结非物质文化遗产保护范围和研究领域的概念。它指的是与非物质文化遗产相关的地方或场所。这些地方承载着非物质文化遗产的实践、传承和展示。例如，传统剧院、博物馆、文化遗址等都可以被视为文化空间，因为它们提供了非物质文化遗产的保护和交流的场所。

文化空间是用于定期举办传统文化活动或展示传统文化表现形式的场所。它既是非物质文化遗产的承载者，也具有物质属性。这三者充分展现了非物质文化遗产与物质之间的紧密联系。因此，所谓的"非物质"并不意味着与物质完全无关，而是通过物质层面来传达和展示精神要素。"物质形态"是非物质文化得以传承并成为遗产的必要条件，如果脱离了物质的成分，非物质文化就无法展现出来。从这个意义上说，没有单独超越物质的非物质文化遗产，非物质文化遗产依附于物质遗产，并与物质文化遗产相互依存、相互促进。

甚至可以说，如果没有物质文化的存在，就不会有非物质文化遗产。因此，在谈论非物质文化遗产的保护时，不能脱离物质层面，脱离物质层面是不科学且不切实际的。明确非物质文化遗产与物质性要素的关系，不仅仅是从文化属性上进行阐明，另一个重要目的是为保护非物质文化遗产的整体性和真实性提供理论基础。作为非物质文化遗产，它的存在形式、空间以及发生过程都需要受到保护和传承。因此，在探讨保护非物质文化遗产的模式时，不能单方面强调非物质性的价值内涵，而忽视了各种"物质形态"的保护形式和必要性。要实现整体性和真实性的非物质文化遗产保护，必须同时考虑这些因素。

非物质文化遗产是指那些存在于精神领域的创造活动及其产物，它们常常无法触摸、难以捉摸，容易被忽视或遭受不易察觉的损害。因此，为了保护非物质文化遗产，我们需要充分认识和理解它们。将这些非物质文化遗产从"非物质"转化为"有形的物质再现"，不仅可能，而且是必要的。为了保护和传承这些脆弱的非物质文化遗产，我们需要借助有形的媒介来实现。这种传统方式能够提供有效的解决方案。

一、人格化载体保护

非物质文化遗产的存续和传承最大的特点在于人类智力及其表达方式。这些表达方式包括语言、口头文学、音乐、舞蹈、游戏、竞赛、神话传说、礼节、习俗、手工艺和建筑工艺等。这些文化表达方式只有通过个人的表现或操作，才能展现出其文化内涵。因此，以人类活动为核心的非物质文化遗产，无论是精神方面还是身体方面的表达，都需要得到保护。因此，以人性化的方式保护非物质文化遗产成为一项极其重要的任务。

二、物化载体保护

物化载体不是指物质文化遗产，是指非物质文化遗产记载方式的物化。保护非物质文化遗产的核心是保护其记忆和传承者。为了保存这些记忆，我们需要将其作为物质载体保存下来，并将其作为传承的媒介。传统的非物质文化遗产传承是基于人类记忆的，通过口头传授和身教来完成，但这种完全依赖人类记忆的保存和传承方式容易导致遗失和风险。在当今社会，我们可以利用文字、音像等物质形式来记录和传承信息，从而在有限的时间和空间内有效地保存和保护非物质文化遗产，实现对其保护工作的规范化和科学化。因此，如何利用最新的数字信息、网络技术和虚拟现实技术来加强对非物质文化遗产存在形式的保存和保护，是一个值得关注的课题。加强对非物质文化遗产的数字保护技术的研究和应用，是一种合理且有效的方法。

三、文化空间载体保护

各个民族所积累的非物质文化遗产具有丰富多样的内容，它们的形态是流动的、不固定的、活跃的。为展示这些文化遗产，需要一定的物质文化空间，并与之相对应的资源、社会构造和自然环境。村庄、社区、宗教场所和自然生态环境都是重要的文化空间，也是非物质文化遗产形成的重要场所。文化空间是非物质文化遗产存续、传承和发展的重要载体。所有的学习过程、知识、技术、创造力以及由它们创造的产品，都离不开这些空间的支持。因此，保护非物质文化遗产显得尤为重要。

四、产业化载体保护

加强对非物质文化遗产的保护不仅涉及人们的精神生活，也与人们的物质生活息息相关。非物质文化遗产的保护与市场运作的缺失密切相关。

在保护非物质文化遗产时，需要重点关注推动产业化发展。可以通过借助产业化的载体，特别是现代旅游和文化产业的发展，来推动非物质文化遗产的保护和传承。加强市场化经营，科学、合理、适度地开发非物质文化资源，使其在保留传统文化内涵的同时，具备时代特色，形成一种文化的品牌效应。因此，我们应该将资源挖掘与经济发展结合起来，运用市场化思维运营非物质文化遗产，寻找新的市场和生存土壤。只有这样，才能充分发挥非物质文化遗产的多元功能。

在文化产业发展中，需要充分利用市场机制，拓宽资金来源，构建科学的融资机制，并吸引社会资金进入文化产业。同时，积极探索非物质文化产业的产业化运营，建立有效的市场化运营模式。有效开发非物质文化遗产不仅可以降低对传统旅游资源的生态破坏，还可以挖掘和利用本地的非物质文化资源，使文化产业和旅游业形成良性互动，延长产业链，实现非物质文化遗产的保护与文化产业的运营的双向互动。这样形成的良性循环可以实现可持续发展，促进文化市场的繁荣，推动文化产业的发展，实现文化产业的振兴。此外，重建社区记忆系统，延续中华 5000 年文明，也是一项具有开拓性的工作。

通过将非物质文化遗产与经济发展和市场运作相结合，我们能够更好地保护和传承非物质文化遗产，同时实现经济的可持续发展。这样的努力对于推动文化产业的繁荣和传统文化的传承具有重要意义。

五、保护与传承的整体性

为了保护和传承非物质文化遗产，我们需要综合考虑其非物质性的价值内涵以及各种"物质形态"的保存。整体性和真实性对于非物质文化遗产的保护和传承至关重要，因此我们必须同时考虑这些因素。为了实现这一目标，我们可以采用数字化保护的方法和教育化传承的方式。数字化保护可以帮助我们记录和保存非物质文化遗产的各个方面，从而确保其得以传承和展示。同时，教育化传承可以通过教育和培训来传授相关的知识和技能，使更多人能够了解和参与非物质文化遗产的传承。这种综合的保护和传承策略将有助于保护和弘扬非物质文化遗产的独特魅力。

非物质文化遗产的数字化保护是一种综合利用图像、文字、声音和视频的全方位记录和普查方法。通过数字化手段进行整理、分析和存储，保存文献、图片、声音、视频和历史资料，构建各种类型的数据库，以实现对非物质文化遗产的数字化保存和归档。利用多媒体信息，结合虚拟场景中的视频、音频、图片和文字，创建混合模型并进行协调展示，以实现对工艺流程的详细描述、工艺所承载的文化状态、物品的选择展示、民间艺人档案、传播传承方式以及民间生活方式等文化存在方式的再现和互动展示。此外，数字化保护还支持环境漫游，使得在任何具备多媒体展示设备的场所都能进行现场展示和宣传，供人们查阅、了解、认识和掌握，有助于传统艺术的传承和发扬。非物质文化遗产的数字化保护为教育化传承提供了丰富的教学资源和实践路径。

非物质遗产的教育化传承具有多重层面的目标。首先，我们需要采取措施来保护传承人，并培养新的传承者，以确保这种活的遗产能够得以继承和延传。在教育领域，尤其是职业教育方面，我们应该建立合理可行的传承机制。这包括建立培训基地和师徒关系，通过授课和带徒授业等方式来培养接班人，提高他们的知识技能和文化自觉。只有这样，才能够确保非物质遗产的技艺能够得到完好的传承。

其次，我们应该推广非物质遗产继承人的群体化。由于历史和社会的原因，非物质文化遗产在传承方面存在一些问题，比如主观性、非公开性和狭隘性。为了改变家庭内部传承的封闭性，我们必须将非物质文化遗产引入校园、教材和课堂，让更多的人对其产生浓厚兴趣，并成为新一代的传承人。只有这样，优秀的非物质文化遗产才能够得到安全可靠地传承。

再次，我们需要实现非物质文化遗产保护的专业化。专业化保护意味着对非物质文化遗产保存与保护进行科学化的处理。在教育和科研部门中，我们可以进行研讨和传承，摒弃不必要的部分，提取其精华，探讨其中内在的规律性本质。这将有助于创新，并更好地推广与传承非物质文化遗产。

最后，非物质遗产的教育化传承需要多方面的努力。我们应该保护传承人，培养新的传承者，建立合理可行的传承机制。同时，我们也要推广非物质遗产继承人的群体化，让更多人参与其中。此外，实现非物质文化遗产保护的专业化也是至关重要的。通过这些努力，我们可以确保非物质遗产得到有效的传承和延续。

第二节　教育化传承的现状与目的

　　民族文化是各民族在历史发展中创造和培育的独特文化。为促进民族文化的繁荣，我们需要传承和创新民族文化，并发展文化产业。非物质文化遗产是民族文化不可或缺的一部分，它见证了历史，承载着民族文化，被赞誉为历史文化的"活化石"和"民族记忆的背影"。保护、传承和创新非物质文化遗产在教育领域具有紧迫性和重要性。我们需要关注教育中非物质文化遗产的保护、传承和创新，以推动民族文化的发展。

一、教育传承的现状

　　随着国务院《关于加强我国非物质文化遗产保护工作的意见》的发布，规定了非物质文化遗产保护工作的十六字指导方针："保护为主、抢救第一、合理利用、传承发展"，在我国各级政府的关注下，对非物质文化遗产的保护取得了一定进展。然而，在非物质文化遗产的传承和发展方面，目前仍存在一些问题。这些问题包括信息缺失、表现缺失和机制缺失，第一，对非物质文化遗产的保护主要侧重于文物式的保护，而缺乏对其内容的保护。这意味着我们更注重保护物质形式，而忽视了非物质遗产所承载的文化内涵。第二，尽管对非物质文化遗产的保护得到了广泛重视，但缺乏传承创新的机制平台、开发利用的载体以及与文化创意产业的合作。这导致我们在国际市场上缺乏竞争力，无法充分利用非物质文化遗产的价值。第三，非物质文化遗产保护常常孤立于其本身，缺乏与衍生品和实际应用的创新。这使得非物质文化遗产与社会需求和企业需求脱节。第四，目前我们主要采用师徒相授的传统方式来培养传承人，但培养的专业人才数量有限，无法满足产业发展的需求。第五，现有的非物质文化遗产资源平台在容量、内涵、服务和技术等方面远未能满足学校、企业和社会各界的需求。第六，传播媒体资源缺乏整合，资源的表现形式和手段单一，无法满足信息时代受众的多样化需求。最后，非物质文化遗产的资源利用率较低，缺乏持续的运行维护和更新。

为解决这些问题，我们需要进一步加强对非物质文化遗产内容的保护，推动传承创新的机制平台建设，并促进与文化创意产业的合作。此外，还需注重培养更多的专业人才，完善非物质文化遗产资源平台，整合传播媒体资源，提高资源的利用效率。通过这些努力，我们能够更好地保护和传承非物质文化遗产，使其在当代社会发挥更大的作用。

民族文化的传承与创新需要科学与文化的融合，技术与艺术的结合以及信息技术、数字技术和艺术手段的综合运用。职业教育在此过程中扮演着基础、服务和促进的重要角色。通过充分发挥职业教育的功能，我们能够最大限度地保护、开发、传承和创新中华民族的传统文化。这样，我们就能够培养出与非物质文化遗产相适应的职业人才，并实现职业教育与民族文化的双向互动与协同发展。

二、教育传承的目的

教育作为一种文化遗产，具有重要的意义和作用。首先，教育可以推进民族文化心理的传承。民族文化心理传承是国家意识的深层积淀，也是国家认同的重要基础。心理传承是所有民族文化元素中最稳定、持久且核心的部分，其他文化元素的传承都受制于心理传承的约束。教育可以促进不同民族文化成分的继承，尤其是在心理层面上的继承。

其次，从教育的角度看，对民族文化的保护与积累具有重要意义。文化的传承可以采用多种形式，但无论采用何种形式，都需要通过人的认知进行。正如叶澜博士所说："如果我们不知道如何去理解、应用，那么这些文化只是毫无意义的东西，没有任何意义；在那种情况下，就没有任何意义了。"因此，要想维护和延续一个民族的文化，必须依靠教育培养人才。教育是对民族文化进行保存、延续和传播的方式，也是对民族文化进行积淀和沉淀的方式，从而促进民族文化传统的形成。

最后，教育可以推动民族文化的更新与发展。继承民族文化既要保持和延续，又要更新和发展，在这一过程中，教育发挥着不可替代的作用。第一，教育可以对文化进行整理和处理，使之有条理、有结构、有系统，更好地为传承和学习提供服务，为文化的保护和发展作出贡献。第二，教育具备选择和批判文化的能力，能够排除对个人身体和精神发展不利的负面因素，并选择吸收对个人身体和精神发展有益的正面因素，推动文化的更新和发展。第三，教育可以促进文化的交流与融合，推动不同地域、不同民族文化之间的交流，加强不同文化之间的相互了解、包容与融合，从而推动文化的更新和发展。总之，在继承民族文化的过程中，教育能够通过加工整理、选择批判和交流整合的功能，推动民族文化的创新和发展。

第三节　教育化传承的方式与路径

一、民族文化传承的方式

（一）文化传承方式旳划分

从文化传承的形态上看，可将其分为外显与内隐两类。

按照传承人的参与方式，主要有一对一、一对多和多对多三种。

一对一的传承方式是指传统的师徒传承或家族传承。在这种形式下，一位资深的传承人将亲自指导和教授一位学徒或后代，通过个别的、深入的交流与传授，传承特定的技能、知识和价值观。这种形式的传承具有高度的个性化和针对性，传承人可以根据学员的能力和理解程度进行有针对性的教学，确保传统的精髓得以准确传承。

一对多的传承方式涉及传承人与多位学员之间的关系。在这种形式下，传承人通常通过讲座、培训班、工作坊等形式向多个学员传授知识和技能。这种形式的传承可以有效地传播文化传统和专业技能，扩大传承的范围，并促进交流和合作。一对多的传承方式适用于较大规模的传承需求，可以在相对短的时间内传授知识和技能，为更多的学员提供学习机会。

多对多的传承方式强调的是多方之间的互动和交流。在这种形式下，多个传承人与多个学员之间形成一个相互学习、分享和合作的网络。传承人不仅是知识和技能的传授者，也是学习和进步的伙伴。学员之间可以相互启发、互相学习，形成一种积极的学习氛围和共同体感。这种形式的传承有助于培养学员的合作意识和创新能力，推动文化传统和专业知识的不断演进和发展。

教育与文化传承之间存在紧密的关系，因此学者们从教育类型和教育发展阶段等方面划分了文化传承的方式。首先，在教育方式上，可以分为家庭教育、社区教育和学校教育三类。其次，根据教育的发展阶段，文化传承的途径可分为口头传授、亲身示范和行为效仿三类。

口头传授是一种古老而广泛应用的传承方式。通过口述的形式，传承人将文化知识、智慧和经验传授给学习者。这种方式常见于民间传统、乡土文化和口头传统的传承，例如民间故事、传统音乐、口头表达等。口头传授注重直接的人际交流和言传身教，通过语言的魅力和情感的共鸣，使得传统文化得以活跃并代代相传。

亲身示范是一种通过实际操作来传授技能和技艺的传承方式。在这种形式下，传承人通过亲身演示、展示和指导，让学习者亲眼目睹和模仿，掌握特定的技巧和技能。这种方式常见于手工艺传统、表演艺术、运动技能等领域的传承。亲身示范能够直观地展示传统的细节和精髓，培养学习者的观察力和动手能力，使得传统技艺得以延续和发展。

行为效仿是一种通过观察和模仿他人行为来学习和传承的方式。学习者通过观察和模仿传承人的行为、态度和价值观，逐渐融入传统文化的内涵和精神。这种方式常见于社会礼仪、道德准则、文化习俗等的传承。行为效仿注重身体语言和非语言信号的传递，通过学习者的身体感知和情感共鸣，使得传统文化在行为习惯和价值观念上得以传承和弘扬。

（二）信息化社会下的文化传承

在当今的信息时代，无论是何种形式的传统文化，都应该充分利用信息技术和多媒体技术，遵循教育教学规律和行业规范，将民族文化作为载体，开发适用于网络传输的教育教学资源，以扩大传播范围。这是将文化传承与教育有机结合的重要途径。通过充分调动和利用具有不同文化背景的艺人、专家、研究者等人力教育资源，受教育者可以超越时间和空间的限制，在不同的时间和地点以灵活、自由的方式进行快速、便捷地学习。此外，由于网络媒体本身的丰富和多元化，能够引起学习者特别是青年学习者的兴趣和需求，有助于扩大传统手工艺的受众群体。因此，在当今信息社会飞速发展的时代，必须将民族文化传承置于开放、多元的互联网环境中，借助互联网传播媒体，保护和延续传统工艺。通过网络教育的特点，构建民族文化传承与创新的资源库和教育教学平台，具有重要意义。

基于此，结合高职院校的实际情况，可以构建以高职院校技术技能为核心的"平台+模块化"高职院校人才培养模式。将民族传统文化整理成规范、系统、科学的教学标准，应用数字媒体技术将其转化为数字化的教育教学资源。以职业教育和文创产业为导向，开发课程、教材和文创产品，并将其转化为产业，将其固化在教学中，实现民族文化从平面传播保护到立体化传承和主动创新的转变。以数字运用为手段，以建立馆藏为载体，以"教化"为目标，以"保护"为传承。既继承又创新，守护国家艺术，留住文化之根。

二、教学资源库建设思路与原则

以"中国非遗"为核心，将传承文化和传承技艺作为自身的使命，结合产业规范、企业技术规范和数字传媒等要素，以"政校企行"为平台，构建"大容量、共享、互动"的新模式。

在职业教育中，不断更新民族文化传承与创新教学资源库，将非物质文化遗产资源转化为数字化的教育教学资源，积极探索将专业人才培养与非物质文化遗产传承相结合的教育教学模式。推动非物质遗产传承的群众性，扩大对民族文化创造性运用的广度和深度，提高人才培养质量，并提升教师的教学科研和专业创造水平。培养具有民族文化传承性和创新能力的人才。同时，拓展资源应用的媒介种类，推动终身教育与民族文化的大众化传播。

（一）具体目标

1.创新民族文化的人才培养模式

设计以职业技术技能为核心的课程体系，将非物质文化遗产项目作为教学载体，并开发项目化课程。采用"双轨互动并行"的项目教学模式，改革教育教学模式和方法，构建多元评价的人才培养体系，以提升人才培养质量。积极探讨和研究民族文化与职业教育的规律。

2.建设民族文化数字化教学资源

以高职教育、文化创意产业和非物质文化遗产素材为依托，建设教学资源和课程。借助展示交流学习中心和创意转化推广中心，使非物质文化遗产得以立体传承和积极创新，并成为可供学习、利用和传承的资源。

3.促进职业教育与民族文化产业有效对接

深入研究中国非物质文化遗产的普遍性和独特性，梳理其历史脉络，提炼其商品化的价值。将其与学校的教育教学活动和文化企业的创新活动相融合，构建双向转换的平台，促进职业教育与民族文化产业的结合，推动文化产业的振兴和发展。

4.搭建民族文化的学习、交流与传播平台

为国内专业人员提供创新、应用和社会学习的机会，将中华传统文化推广到世界各地。提供专业的教育资源，以促进民族文化的学习、交流和传播。

（二）建设思路

1.创新机制

在文化部"非遗"司大力支持下，政府、学校和企业共同合作，确保资源的共建共享。主要采用"百城百校"和"旅游商品产学研联盟"这两种模式。前者旨在将全国各地的百所艺术类专业高职名校与当地的百座文化名城对接，开展文化创意设计教育项目，后者则是聚合了北京及周边旅游商品产业和文创产业等行业的企业资源，共同建立了产品研发和技术服务的校企合作长效机制平台。通过与各地优势院校和行业企业的联合，构建了共同开发建设教学资源库的长期合作机制。同时，根据行业规范制定了素材采集的标准机制。此外，还完善了创新研发的责任和激励机制，并按照企业标准和职业教育教学规律构建了数字化教育教学资源转换、课程建设、教材开发和案例制作等方面的模板机制。通过这些举措，政府、学校和企业共同致力于推动教育教学的创新发展。

2.深入调研

为了满足用户需求并确保资源的实用可行性，应将以融合民族文化教育教学、创新民族文化机制、研究民族文化科学、推动民族文化创新转化以及弘扬民族文化对外传播为主线，深入行业企业调研，全面了解各个岗位对人才知识、技能和素质的需求。同时，还应遵循职业教育教学规律，从职业岗位分析出发，考虑到不同地区的人才培养要求、环境和条件等因素，系统设计并构建了一个基于职业、技术和技能的能力目标课程体系，采用了"平台+

模块"的形式。这个课程体系既具备了普适性，又注重特色化。根据行业规范和职业标准，运用数字媒体技术，将民族文化资源数字化，使其成为教育教学资源。重点关注核心技能和知识的学习，以及培养职业素养的训练。

3.研发创新

通过整合优势资源并确保其具有前瞻性，能充分调动各参与院校和行业企业的积极性。吸引国家级和省级"非遗"项目传承人、工艺大师、教授和学者参与到资源建设中，同时也将吸纳知名企业的新产品、新工艺和新技术等。把院校和企业的创新成果融入专业课程，并实时调整教学内容，以确保资源库建设具有时效性和前瞻性。

4.项目管理

为保证资源建设的持续性，我们将建立长效机制并实施项目管理，同时建立良好的资源库运行管理机制。通过实现政府、院校、行业和企业之间的优质资源共享和互利共赢，我们将形成共建共享的良性循环机制。我们还将加强对资源建设过程的监控，明确权责，保护知识产权，并充分发挥项目联合建设单位和资源使用用户的潜能。这样，资源建设者和资源用户将在建设、管理、运用、维护和二次开发等方面高度合作、深度参与。

为保证资源库的更新和完善，应建立定期更新保障制度，不断丰富和完善教学资源库。实现教学资源建设内容的动态更新，资源平台技术的更新，并确保资源库平稳有效运行。通过这些措施，确保教学资源库始终保持最新、最有效的状态。

（三）建设规划

1.组建指导团队与开发团队

由高职院校教学骨干和行业企业人员组成指导团队与开发团队，他们在民族文化传承创新相关专业具有强大实力和丰富实践经验。项目建设专业指导小组则由政府部门、相关企业和行业专家组成，负责统筹、协调、指导和咨询资源库项目建设，以策略和技术支持项目的成功实施。

2.明确主线与建设流程

项目的目标是培养民族文化传承创新的职业人才，以"产学研结合、校企融合"为原则，按照"调研分析—开发建设—实践应用—反馈完善—示范推广"的流程进行。项目的核心是国家非物质文化遗产资源的数字化和教育化开发，以课程建设为主线进行科学合理规划，确保项目目标的顺利实现。

3.顶层设计与系统建构

该项目面向职业教育、文化创意产业和社会学习者，按照民族文化遗产的"保护—学习—传承—创新"流程进行。教学平台、学习平台、交流平台和转化平台是项目的核心任务，旨在实现民族文化传承创新，构建民族文化传承与创新教学资源库。

4.制定资源建设与开发标准

基于"资源开发，标准先行"原则，应严格按照教育信息化技术标准委员会的相关规定，制定系统开发技术标准。以规范、系统、科学的方式进行资源库的建设和开发，根据行业技术规范制定非物质文化遗产初始素材采集标准，并根据行业企业标准制定数字化教学资源开发标准。同时，遵循职业教育教学规律，制定课程建设和教材开发的标准。

5.构建普适性与个性化结合的课程体系

为了实现这一目标，应进行广泛而深入的调研，系统地构建了基于职业技术技能的能力目标的课程体系，采用了"平台+模块"的形式。合理开发通识课程、专业技术课程和专业方向课程模块，以提供全面解决方案。这种整体解决方案结合了普适性和个性化的特点，旨在培养具备专业技能的人才。

（四）建设原则

1.资源开发、标准先行

在一个开放式技术平台的支持下，以媒体资料库的形式对资源进行规范化。为了确保专业资源平台能够迅速发展和有效利用，在初期建立阶段就应制定具体的规范。按照教学标准，对非物质文化材料资源进行规范、系统、科学的整理，并利用数字媒体技术将其转换为数字化的教育教学资源。同时，按照职业教育规律，制定专业建设标准、课程体系和课程建设标准，并根据行业标准开发作品和产品，通过市场运作将其变为商品。此外，还应制定一份指导文档，对数据库的建设内容进行规范化，为数据库的发展奠定基础。

2.突出教学、整体推进

以资源为教学服务，对"非遗"物质资料中心的资源进行规范化的教学设计，并将其细化到各学科、内容和知识要点，形成教学服务的资源。通过强化职业院校民族文化类专业，可以促进民族文化的传承与创新，培养出与民族文化产业需求相适应的高素质技术技能人才，进一步推动全国高职院校艺术设计类专业的教育教学改革。

3.知识推送，个性服务

充分考虑到老师、学生、企业员工以及社会学习者等各方面的利益，制定资源库的通用性建设标准，并为用户提供通用性功能模块，以满足不同用户对通用性服务的需求。同时，同一所大学或不同地区的大学可以智能提取相同级别的不同资源，并推送给不同的用户，为不同用户提供个性化的服务。

4.服务产业、旨在创新

以职业教育、文创和相关行业为主体，推动民族非物质文化遗产的传承和创意产品的产业化，为民族特色产业和文化产业的转型升级提供服务，提升民族文化产品的附加值和国际竞争力。

第四章　非物质文化遗产的利用

非物质文化遗产是历史和文化的积累，如今它在我们面前所呈现的仅仅是其发展历程的一个阶段。在保护非物质文化遗产的同时，也需要合理地进行开发，以确保其在新的社会形态下能够持续发展。然而，在我国城镇化和现代化进程中，非物质文化遗产正面临前所未有的生存危机，许多非物质文化遗产悄无声息地在历史进程中消失了。为什么会有这么多无形文化遗产流失呢？一方面，非物质文化遗产因其特殊性而难以在社会变迁中生存，另一方面，承载这些遗产的传承者也因其复杂性而难以抵御诱惑，导致传承价值丧失。

随着全球经济一体化和工业化进程的加快，我国非物质文化遗产正遭受着毁灭性的打击。非物质文化遗产的传承主要依赖口口相传，但由于其无形性特征，人们对其流失与毁坏的关注相对较少。虽然中国拥有众多非物质文化遗产，但其中很多正处于濒临灭绝的边缘，亟需拯救与保护。近几年，在教科文组织的支持下，中国对非物质文化遗产进行了保护、开发与利用，取得了一些成果。然而，专家指出，未来20年将是中国非物质文化遗产严重受损的高发期，因此，加强对非物质文化遗产的保护和抢救具有十分重要的现实意义。

非物质文化遗产经济价值的创造需要通过保护和开发两条途径，以保护来带动开发，以开发来促进保护，通过适当的开发，减少非物质文化遗产受到破坏，展现其历史文化价值，满足人民群众的审美需求，从而促进文化、经济和社会三方面的共同发展。只有在这样的努力下，我们才能保护并传承这些宝贵的非物质文化遗产，让它们在新的时代焕发出新的生机和活力。

第一节　利用非物质文化遗产的必要性与现实性

对非物质文化遗产进行开发利用，具有十分重要的现实意义。从非物质文化遗产诞生的那一刻起，就与人们的生活密切相关，它并非天然处于一种受保护的状态。目前，对非物质文化遗产进行保护的最重要原因是，社会环境发生了巨大的变化，且没有给非物质文化遗产充分适应社会环境的缓冲时间。因此，非物质文化遗产的保护虽然是基础，但不可否认，对它的开发和利用同样非常重要。

非物质文化遗产的传承离不开人，要使非物质文化遗产更好地传承，就必须强调人的角色，而人的利益是一个很实际的问题。这就需要从传承人的角度来考虑：对传承人来说，他们能够获得什么样的经济效益。

一、利用非物质文化遗产的必要性

非物质文化这一概念涵盖面很广，它是一个民族群体历史记忆的象征，也是各地区文化差异的根源。由于我国是一个幅员辽阔、资源丰富的多民族国家，且是世界上四大文明古国中唯一一个在数千年时间里没有被中断过的国家，我国的非物质文化遗产不仅具有独特的特点，而且数量也非常庞大。

世界历史表明，一个国家或民族要想变得强大、有影响力，除了物质方面的积累，同等重要的是精神层面的高度。在某种意义上，非物质文化遗产资源的丰富程度能够反映出一个民族或国家的精神高度。一个民族或地区的非物质文化遗产通常蕴含着传统文化的最深层本源，保存着文化的原始形态以及独特的思维模式。这些遗产是对自身情感凝聚、认识和文化创造的根基。

然而，随着时间的推移，人们的思想也在不断变化，传统的手工技艺在现在显得有些过时。在这样的背景下，应重视对我国民族文化传统的挖掘、保护和研究。传承是整个社会都需要关注的重要事务，虽然我国的非物质文化遗产形式极其丰富，但目前的情况并不乐观，以口传心授为主的非物质文化遗产正濒临消亡。因此，我们必须保护、继承和发展民族文化，这对中国特色的社会主义文化建设具有重大的现实意义。

在《国家级非物质文化遗产代表作申请评定暂行办法》这份由国务院办公厅发布的文件中，对非物质文化遗产进行了如下定义："非物质文化遗产是指各族人民世代相承的，与群众生活密切相关的各种传统文化表现形式(如民俗活动、表演艺术、传统知识和技能，以及与之相关的器具、实物、手工制品等）和文化空间。"从上述定义可以看出，非物质文化遗产是一种具有经济、文化和历史意义的可持续发展的旅游资源，当人们的生活方式越来越趋同化时，文化差异的重要性也愈发突出。

二、利用非物质文化遗产的现实性

从工业化社会的物质文明到后工业化社会的非物质文明的转变，是人类社会与经济可持续发展的必然趋势。人类文明的多元化是人类文明与自然和谐发展的基石。另一方面，在后工业化社会中，人们的多样化需求已经从工业化时代对物品的崇拜和感官享受，转变到了对非物质层次上的知识和情感的需要。

在当今全球一体化的过程中，不同国家、不同区域先后发生了不同程度的文化流失。在全球经济一体化、现代化与城市化进程中，经济、军事强大的强权国家，其文化也随之强势起来，有意无意地对别国的文化进行渗透与侵蚀。因此，为了保持世界文化的丰富性与多样性，对各民族优秀的文化传统进行传承并将其发扬光大，使其繁荣和发展，已经成为当今经济、社会、文化等各个领域的共识。

第二节　非物质文化遗产利用与旅游产业发展

非物质文化遗产是一个民族精神文化的重要象征，包含着一个民族独特的思维方式、想象力和文化自觉，是一个国家、一个民族或一个族群文化生活的密码。从旅游产业的角度来看，非物质文化遗产也是一种非常重要的旅游卖点，是一种宝贵的文化旅游资源。

随着社会的不断发展，作为一个国家漫长历史的见证，一个民族智慧的结晶，非物质文化遗产将逐渐成为旅游业繁荣发展的关键基础，展现一个民族、社会和国家的根和源。我国是一个拥有5000多年悠久历史的大国，在大部分省份，尤其是在四川、云南、贵州等地，瑶族、傣族、苗族等民族的风俗习惯、民俗、节日、服饰等方面都是很好的旅游资源。通过非物质文化资源如饮食等，可以开发出具有强烈民族文化魅力的旅游产品，对国内外游客以及当地旅游产业发展都具有深远而广泛的影响。

旅游资源是旅游业发展的先决条件，也是旅游业发展的基础。人文旅游资源可以分为两类，一类是历史文化旅游资源，另一类是民俗民风文化旅游资源，因此，很大程度上，非物质文化遗产都属于人文旅游资源。非物质文化遗产的旅游资源具有广阔的内涵，其内涵覆盖了人们生活中的所有层次和领域，并以语言、行为、心理等形式呈现。

随着旅游产业的发展，非物质文化遗产旅游行业以其丰富的文化内涵、鲜明的民族风格及奇异的地域魅力，已经成为国内、国际旅游发展的新趋势。因此，我们需要采用新的理念来对非物质文化遗产旅游资源进行保护和开发。

首先，可以运用多种形式的非物质文化遗产，展现不同历史时期、不同民族的风土人情和传统节日，以民族习俗、宗教信仰为特色，重现原生态的景象，并不断拓展新的观光范围和观光活动。

其次，可以建立"原生态"民俗村和民俗博物馆，保持民俗的本源，并建立各类民俗旅游胜地，使旅游者能够亲自参加民俗活动，实现多层次、多功能、多角度、多层面的旅游体验。

第三，以民族旅游为核心，组织各类民族风情展览和展销活动，结合庙会、民间戏剧和舞蹈表演，将各个民族的旅游路线连接在一起，共同发展，形成民族区域的一条旅游路线。

此外，在对非物质文化遗产进行旅游产业开发的过程中，还应该对各种民间文学作品进行收集、整理、出版。这是因为发展民族旅游业，除了要依托于硬件设施如景区建设，还需要依托于当地的民间神话、传说、故事等软件。因此，深入挖掘民间文学中的自然景观和人文风俗对于充实旅游产业的发展具有十分重要的作用。

一、旅游产业及其发展

从顾客需求方面来看，顾客在旅行过程中所得到的体验包括资讯、交通、住宿、餐饮、旅游、购物等多种商品和服务。游客在旅游活动中的各个环节均有较大的自主选择空间，这说明了旅游活动中旅游服务和产品的替代关系。

从生产者和供应者的视角来看，旅游业就是为游客提供旅游产品，目的是为了满足游客的需要。然而，旅游业本身就具有"生产技术""生产过程""生产工艺"等特征。

在中国，近代旅游业和中国的开放是紧密相连的。一个主要体现是进入中国的外国游客数量快速增加。1879 年，入境和出境的外国人分别为 2984 人和 2884 人，到 1928 年则分别增长到 62797 人和 56134 人，50 年间增加了 20倍，平均每年增长 6.4%。与此同时，外国游客出境率也增加了 18.5 倍，平均每年为 6.3%。1920 年，中国的旅游业规模发展到与美国相当。由于中国社会性质和社会发展背景，进入中国的外国游客主要以经商、贸易和投资为主，较少以纯粹的休闲、娱乐、观光、度假为目标。自 1923 年上海商业银行成立以来，中国旅游事业进入了一个崭新时期，内容和形式也不断丰富和完善。第二次世界大战后，世界旅游业进入了真正的现代化时期，旅游业迅速发展，内容和形式也不断丰富和完善。

21 世纪以来，新兴科技以资讯科技为代表，推动着旅游业的发展，使其进入了以"创意"为主的时代。传统的旅游组织模式已经由以旅行社为主导的旅游活动转变为多种经营模式并存的旅游活动，包括旅行社、自助游、在线预订等。从游客的目的来看，休闲旅游逐步替代了传统的观赏性旅游。在旅游内容的角度看，文化旅游越来越受到人们的重视。旅游业的发展水平也注重低档、中档和高档旅游业的发展。

尽管学界对非物质文化遗产的研究已受到重视，但一般民众对其认识仍不够深入。在一项问卷调查中，32%的受访者表示愿意利用"三微一端"（微信、微博、微视频和手机客户端）关注非物质文化遗产旅游，而68%的受访者表示不愿意。虽然调查结果可能存在一些错误，但我们仍可以从中得到一些有用的信息。在物质层面上，人们似乎更愿意花费更多的时间与金钱，即使在精神层面上，他们也更愿意采用快餐式的体验。对于公认的名山大川、名胜古迹，人们去参观，在那里留下自己的足迹，却很少有时间和欲望去体会其所蕴含的深厚人文和历史意蕴。此外，被调查者对于网络传播非物质文化遗产前景的看好程度将极大地影响到今后平台建设的接受度和认可度。初步调研显示，公众对该产品的认可度较低。其中12%的受访者认为无前途，59%的受访者认为可以推动非物质文化遗产的宣传，但利润空间很小，而29%的受访者认为可以推动，并且利润空间很大。

二、非物质文化遗产与旅游资源

旅游资源包括两个不同的涵义：一是旅游资源，二是旅游业资源。按照汉语的习惯，如果不加上后缀，旅游一般指人的活动，而非产业，因此，旅游与旅游资源是两个完全不同的概念，旅游资源与旅游业资源自然也是两个概念。然而，我国有些学者对英语文献的引用没有加以区别，导致了对"旅游"和"旅游业"两个概念的误解。

在旅游资源中，当旅游指的是进行旅游活动的时候，如果仅从字面上来理解，它的意思是"能够被人们进行旅游活动所使用的事物和要素"，这样的定义显然过于广泛，与我们通常对旅游资源的认识不符。一般而言，所说的旅游资源是一种旅游对象，结合其天然性或可开发性，我们可以将其界定为：旅游资源是一种客观存在于一定地域空间中，具备愉悦价值和旅游功能，能够引起人们的旅游动机，并可以被用于进行旅游活动的所有自然存在、历史文化遗产和社会现象。从对资源一词的解读来看，旅游资源是指早在旅游发展之前就已经存在的自然存在、历史文化遗产或社会现象，不包含直接用于旅游的人为创造。谢彦君指出，不应将可直接用于旅游目的的人造物列入到资源范围中，因为旅游资源的存在，仅仅是大自然的无意识造化，或者是人们出于其他目的而产生的结果，它是在经过了一段时间之后，客观出现在人们面前的一种自然或人为的要素。所以，以旅游为目标而产生的人工景观，在严格意义上来说，并不能被称为旅游资源，它仅仅是一种对游客有吸引力的旅游吸引物。

非物质文化遗产具有很高的开发利用价值和潜力。将非传统文化融入旅游开发中，可以充分体现其文化价值，并为其保护提供充足的资金，注入新的活力。因此，在某种程度上，对非物质文化遗产进行旅游开发，就是对其进行抢救和保护的过程。

从某种意义上说，非物质文化遗产既是一种艺术，也是一种文化。它不仅是一个民族、一个国家、一个地区特有的创造性，还是一种物质、精神和行为的体现，如独特的制度、传统习俗等，具有非可再生性等独特特点。鉴于非物质文化遗产的多样性，对其开发和利用必须将其视为一个系统工程进行研究。下文从人类学、文化学和民族学的角度，对非物质文化遗产的旅游价值进行了深入分析。

（一）较高的历史研究价值

作为社会的"活化石"，非物质文化遗产记录着一个国家文化遗产的发展历程。从整体来看，非物质文化遗产是一个持续的历史文化创造与累积的过程，通常呈现出清晰的层级结构，具有较高历史与艺术价值的元素，对旅游者尤其是受过高等教育的旅游者产生很大吸引力。比如中国古代戏曲中的昆曲，拥有500多年的悠久历史，它在长期的发展过程中吸取了其他戏曲的优点，并在此基础上对"北曲"进行了改造和调整，形成了"北曲南唱"的代表性剧目。因此，昆曲这一中国古典艺术的典型代表，在中国戏剧发展史上，创造出了《十五贯》《长生殿》《西厢记》等一系列经典剧目，成为一块"活化石",清楚地展现了中国古代戏剧发展的动态轨迹。

（二）多元的艺术欣赏价值

非物质文化遗产往往具备很高的艺术鉴赏价值。以昆曲为例，从语言上看，昆曲传承了古代唐诗、宋词、元曲等古典诗词的优势，并采用了长短句相间的形式，使每句都呈现参差错落、亲疏相间的艺术效果。通过字调、韵律、句法结构，昆曲创造出刚柔相济、轻重和谐的艺术效果。

从音乐上看，昆曲很好地表现了汉语的音乐性，它具有"曲牌"式的结构，演唱优美动听，发音准确腔圆。在演出方面，昆曲以唱和跳为主要特色，舞台上的歌舞和程式性的舞步具有很高的观赏性，因此对旅游者具有更大的吸引力。

（三）完备的休闲娱乐价值

在消费文化不断发展的背景下，人类已经步入了"休闲"和"娱乐"的时代。当今的旅游者对娱乐和功能齐全的观光产业表现出浓厚的兴趣。非物质文化遗产源于人民群众的生产生活，它是人民群众舒缓身心、调节生活的一种重要途径，因此具备丰富的休闲娱乐性质。在现代旅游业中，众多企业为吸引观光者的关注，纷纷将非物质文化遗产发展为具有休闲性和娱乐性功能的旅游资源。

（四）奇趣的参与体验价值

非物质文化遗产是一种源于民俗的文化形态，它由人民群众进行创造、运用和传承。它的发展和完善是人民生活中的活态产物，因此，民俗性是其一种特性，决定了它具有很强的参与性和经验性。以玻利维亚的奥普罗嘉年华为例，这是一个长达一个星期的嘉年华盛会，人们穿着五颜六色的服饰，在街头载歌载舞。这种独特的狂欢形式既表达了善战胜恶的意义，又将传统风俗和宗教文化融合在一起。此外，像彝族和羌族这样的少数民族还经常举行大型的篝火晚会，这一活动同样具有很强的参与性和丰富的体验空间。

（五）鲜明的地域文化价值

地域性是一种具有代表性的文化遗产特征，反映了某一地区民间艺术，对旅游业的发展起着决定性的作用。古琴是中国一项重要的非物质文化遗产，代表了中国传统乐器艺术的精华。其琴弦、琴谱、琴派等与中国传统的儒家、道家、佛教等思想紧密相连，具有深厚的历史和文化内涵。非物质文化遗产包含着特定社会团体的理念、行为准则和价值标准，其所蕴含的经济价值可以为社会活动提供良好的价值引导和强大的精神力量。

非物质文化遗产既是一种传统，也是一种现代的生活方式。因此，在保护非物质文化遗产时，要赋予其新的生命力，并将其与重点行业的发展相结合，使其更好地融入当今社会生活，为未来的社会发展和传承提供优良的文化元素。

三、非物质文化遗产与旅游产品

旅游发展和非物质文化遗产的发展相互影响。非物质文化遗产因其独特的文化特征和艺术价值，为旅游业提供了优质的资源基础。同时，非物质文化遗产所蕴含的独特文化内涵也为旅游业带来了强大的吸引力，对旅游业的发展起到了重要的促进作用。旅游业的发展也必然会影响到非物质文化遗产，引起其变迁，产生正面或负面效应。这两者相互交织发展，相互关联，使得我国的非物质文化遗产在保护和利用方面达到一种平衡。在保护非物质文化遗产的前提下，实现旅游的可持续发展，寻求一种平衡，使非物质文化遗产的传承与保护与旅游开发获得最大的社会和经济综合效益。

以非物质文化遗产为卖点，对其进行体验、鉴赏和传承，形成非物质文化遗产的旅游产品。这些旅游产品包含了各种形式的旅游活动，并配以相应的旅游服务设施。简单来说，它涵盖了游客所能得到的一切有形商品和无形服务。在相关的行销理论中，以旅游目的地为基础，根据其对游客的吸引力，确定旅游目的地的吸引范围，并在此基础上提出了文化旅游产品 CAB 体系结构。对于区域旅游的发展，该结构有助于明确发展重点，确定旅游产品的层次结构，有针对性地推动旅游业的发展，实现区域旅游的进步。

四、非物质文化遗产与旅游商品

产品与商品的不同之处在于，产品是指通过人的劳动而被生产出来的，被人利用并具有价值的劳动产物。所谓商品，是指用于交换、销售的一种劳动的生产资料，既具有使用价值，也具有价值。虽然产品与商品之间存在很大区别，但它们所指的对象大多相同。然而，旅游产品又与普通的产品有很大区别，因为它具有"异域"特性，更多地为外地游客提供享受，而非本地市场。换句话说，不交换的旅游产品是不存在的，或许用旅游商品一词更为贴切。然而，长期以来，人们已习惯用旅游产品（Tourism Product）来指代旅游商品所代表的旅游物品，并将旅游购物品、旅游消费品、旅游纪念品等称为旅游商品，因此，我们仍应区分旅游产品与旅游商品，旅游商品即旅游购物品，特指旅游用品、旅游纪念品、旅游消费品等，是旅游产品的组成部分。

从旅游业发展的实际情况和趋势来看，一个行业想要保持活力，除了要满足消费者的需求之外，还需要采取适当的经营模式和管理手段。在这个背景下，旅游业态的发展与管理方式的创新都应引起足够的关注。非物质文化遗产的特色与价值，都将成为旅游方式创新的关键。可以说，没有非物质文化要素，就不可能形成新的旅游形态。同时，"非遗"资源的发展也要与旅游业态的建设紧密结合起来。因此，如何以旅游业为切入点对非物质文化遗产进行有效的开发，并在其发展过程中体现出不同的经营方式，是一个重要课题。

由于非物质文化遗产具有独特的特征，进行非物质文化遗产的开发时，需要根据这些特征进行分类。不同属性类型的非物质文化遗产，其旅游开发模式应有所不同。例如，表演类的非物质文化遗产可以开发为旅游演艺产品，民俗类的可以开展旅游节庆活动的策划，而技艺类的则更适合于开发旅游商品等。

从某种意义上讲，非物质文化遗产旅游与民俗旅游有着某些相通之处。通常会参照民俗旅游的开发模式，但对于不同类型的非物质文化遗产旅游开发形式，尚需进一步探讨。在发展过程中，要根据旅游资源利用的不同，将非物质文化遗产分为不同的类别。传统的表演艺术、民俗活动、节庆庆典等都属于相对适宜转化为旅游资源并为旅游开发利用的非物质文化遗产。非物质文化遗产的开发是一项系统化、复杂化的工程，需要进行科学的论证和系统的规划，才能将其发展成为具有丰富特色的旅游资源，推动旅游事业的发展。从目前的发展状况来看，非物质文化遗产的发展可分为两类：一类是静态的，例如博物馆、文化生态保护区，另一类是动态的，例如主题公园、节庆庆典。

五、利用非物质文化遗产发展旅游产业的方式

第一，打造非物质文化遗产的旅游品牌，促进其工业化，使其在全球范围内受到重视并得到保护，是申报世界文化遗产的初衷。因为"世界遗产=世界名片=注意力经济"的观念以及世界遗产所带来的强大旅游品牌和社会价值，"申遗"工作日益受到人们的重视。虽然无形的非物质文化遗产在经济发展中的作用不如有形的遗产那么显著，但它也是一张"世界名片"，必定会受到全人类的关注，受到各级政府的高度重视。成为"世遗"的一员将吸引来自世界各地的文化专家和组织关注，他们的参与、技术和资金支持不仅有利于项目自身，也对当地的旅游业起到促进作用。

非物质文化遗产和口头传统表演是地方民族民间文化的具体表现，也是地方文化产业中具有可持续发展、显著社会和经济效益的国际品牌。在"申遗"的推动下，各地区的旅游业和文化产业将实现质的飞跃。在特定时代里，人们根据非物质文化遗产在生产生活活动中创作的东西，如果不以市场的需要为依据，不主动对其内涵和外延进行扩展，就可能逐渐失去其原本的生命力。因此，在继承中进行创新，在利用中进行发展，可以使其价值更上一层楼。从旅游观赏性和生活性的角度出发，我们要选择一些可以参观、观赏、参与的民俗活动，形成旅游资源。

然而，对于那些没有吸引力，显得刻板僵硬或过于泛化的民间民俗，则应被剔除出旅游资源。实践证明，对于非物质文化遗产，我们不仅要加以保

护，还要加以利用，不能束之高阁，不能抱着残缺不全，不能独自为之，而是要面向市场，面向未来。在捕捉市场活力的同时，为时代赋予新的内涵，将非物质文化遗产的利用放在全球发展的大背景下考虑，着重对其进行加工和开发，以获得最大的社会和经济利益。只有这样，才能真正推动我国非物质文化遗产的可持续发展。

第二，可以通过利益机制来激发人们对非物质文化的保护意识。非物质文化遗产在某种意义上比实物遗产更有价值，因此受到旅游者广泛青睐，为旅游经营者和社会带来很大的旅游效应和经济效益。为发展旅游业、拉动经济，各级政府及旅游运营商应对非物质文化遗产进行保护，因为它是可以被宣传和交流，提高人们对环境保护认识的旅游品牌。

考虑到非物质文化遗产具有的旅游品牌效应，各地都开始对当地优秀的非物质类民族民间文化遗产进行挖掘，并纳入旅游发展规划。尽管这样做的初衷是为了经济效益，但从另一个角度来说，也可以促进非物质文化遗产的宣传、交流和创新，从而扩大其在公众中的影响，提高其保护意识。以旅游带动保护，以非物质文化遗产带动旅游开发。

然而，尽管旅游业在很大程度上促进了非物质文化遗产的保护，我们也不能忽略其消极作用。有些人只追求经济效益，忽视了"旅游业可持续发展"这一命题。面对各地为了非物质文化遗产旅游经济效益肆无忌惮地破坏和开发的现状，除了上面提到的尽早立法和通过强制手段加强管理，还必须树立"保护第一、保护重于利用"的观念，实行保护和利用的协同策略，将"非物质文化遗产的可持续发展"这一命题贯彻落实。只有这样，才能确保非物质文化遗产得到有效的保护，同时实现旅游业的可持续发展。

第三，建立城市旅游形象，提升城市品牌是城市发展过程中非物质文化遗产所能扮演的重要角色。非物质文化遗产可以塑造一个城市的旅游形象，深化当地的人文底蕴，在城市发展中起着举足轻重的作用。它提高了旅游产品的艺术、审美和体验价值。非物质文化遗产拥有独特的艺术手法，其独特的艺术形态让我们去揣摩其所要表现的目的和情绪，从而感受艺术带来的情景体验。将非物质文化遗产运用到设计中，所开发的旅游产品同样具有一定的体验价值，强调游客的参与性和融入度，从而使游客可以在精神层面上得到满足。这种旅游形式超越了简单的观光旅行，成为一种高层次的旅行体验。

第四，提升非物质文化遗产在旅游业中的经济效益。作为文化和文化遗产的关键组成部分，非物质文化遗产具有很高的文化价值。根据文化经济学的理论，非物质文化遗产可以将文化价值转化为文化资本，并最终实现其经济价值。

由于非物质文化遗产具有较强的民族特色，因此，它不仅是民族文化的重要载体，也是民族文化的重要表现形式。通过对非物质文化遗产进行适当的旅游产品开发与设计，可以让游客在完成旅游活动的同时，真正地体会和感受其所蕴含的文化意蕴，从而提高人们对国家的荣誉感和认同。

第五章　非物质文化遗产的传播

非物质文化遗产的传播对社会发展具有重要意义。随着全球化、科技化增加，传播方式和平台不断拓展，为非物质文化遗产的传承与传播提供了新的机遇和挑战。非物质文化遗产传播进一步融合创新科技，注重跨界交流与合作，实现文化的多样性、可持续性和包容性发展成为大势所趋。通过积极开展保护、研究和传播工作，非物质文化遗产传播将在文化传承与社会发展中发挥更为重要的作用。

第一节　非物质文化遗产保护的传播视角

一、传承与传播——"非遗"保护的两个方面

（一）"非遗"保护工作的重要性

在我国，非物质文化遗产的保护是一个非常重要的议题。这一研究涉及我们如何保护和传承非物质文化遗产，以及如何将其从边缘化转向主流，与当代社会建立联系。传媒的参与正是为了给普通人在国家故事中受到关注和展现的机会，使普通的事物也能成为国家故事的一部分。在传播过程中，传媒起到的作用取决于传播的内容和吸引力。

"非遗"文化逐渐从下层发展到中层，从边缘化转向主流，这些变化是已经存在的历史现象。在当今传媒处在无处不在、无所不能的时代，这一历史现象可以看作是一系列传媒活动造成的社会文化变化。在 2018 年中国媒体学院举行的"非遗传播学术研讨会"上，来自新闻传播、文化产业、文化公共政策等多个领域的专业人士参与讨论，对于"非遗传播"的理解和投入程度有了进一步的提高。

（二）"非遗"保护工作的两个阶段

中国的非物质文化遗产保护工作可以划分为两个时期。《中华人民共和国非物质文化遗产法》（以下简称《非遗法》）的颁布和实施是我国非物质文化遗产保护的重要历史阶段。在第一个时期，我国初步建立了非物质文化遗产保护的制度框架，《非遗法》的出台正是这一时期的明证。在这个时期，重点是同时进行遗产的传承和传播。第二个时期则注重遗产的继承和发扬。

第一个时期主要侧重于遗产的传承和传播。《非遗法》第三条明确提出了遗产的传承和传播两种保护方式。第四章详细阐述了继承和传播的内容。根据第二十八条规定，国家应支持遗产的继承和传播。第三十二条关于宣传

的内容，第三十五条和第三十七条既涉及传承又涉及传播。尽管传承和传播并列，但作为"非遗"领域的专业人士，我们都应明白传播是为了传承而存在的。在第一个阶段，我们清楚地认识到，对非物质文化遗产的保护最重要的是传承。传承基地和各种展览实际上都是为了宣传非物质文化遗产的代表作品及其代表性传承人，传播是为了服务于传承。

（三）"非遗"的传承与弘扬

在最初阶段，非物质文化遗产保护工作需要明确其专门性，因此存在着许多排斥的规则，如本真、原生态等。然而，到了第二个阶段，情况发生了变化。第二个阶段更加宽泛，我们需要研究的是在这个过程中我们可以参与、接触和吸收哪些方面的人才。在这个阶段，非物质文化遗产的保护重点是继承和发扬。发扬的目的是将非物质文化遗产保护作为一项特殊工作融入到整个现代社会生活中。所谓的"见人见物见生活、融入现代生活"等，都是为了将"非遗"保护工作从一项专门工作转变为经济社会各界都可以参与并起到重要作用的工作。

如果要同时重视传承与弘扬，就需要找到理念和规范的基础。《非遗法》明确指出了传承与弘扬，《保护非物质文化遗产公约》规定的保护方式，包括确认、弘扬、传承、振兴等。其中，弘扬是在传媒工作中提出的理念，至少包括推广、提高和振兴。

非物质文化遗产是有生命的，是活生生的。许多专家曾提出只注重保护而忽视传承的做法会使其变得物化、僵化。首先，无法实现一成不变的目标。其次，将有生命的东西变为不可改变之物等于将其扼杀。安全顾问的工作不仅仅涉及具有代表性的项目，还涉及更广泛的领域。另一个显著特点是我们之前的工作侧重于代表性的项目和传承者，而现在我们说的传承人群的训练范围已经超越了原有的界限，这也是参与者都是年轻一代的原因。

（四）如何让"非遗"融入现代社会

研究与培养的核心思想是将研究与培养结合起来。现代社会制度是一种创造性的制度，与现代社会制度相结合，必然要求现代社会制度也是一种创造性的制度。从强调继承到强调弘扬，这是根本性的变化。在这个过程中，我们可以看到我们应该去做什么、可以去做什么，这将是一个巨大的改变。在《非遗法》最初的文本中，传承与传播并重。然而，在后来的具体工作中，虽然可能不会经常将传承和传播放在一起，但这样做无疑是给了我们更多的传播机会，让传播发挥更大的作用。

二、新媒体为非物质文化遗产赋能

从实践到理论，"非遗"传承已经进入了一个需要整理和提升的阶段。这也意味着在理论上，"让'非遗'活在当下，让优秀传统文化在新时代能有创造性转换与发展"将指导我们的实践，推动"非遗"传播工作迎来新的局面。我们对优秀传统文化核心价值的认识实际上处于变化和不变之间，而非物质文化遗产在这方面更具代表性，不变的是我们要尊重其相对完整性和内在气质。而改变的是传承的方式，特别是在创新传播方面，必须具备创新的精神、手段和方法，以适应时代的要求。因此，新媒体应在以下领域对"非遗"进行赋能。

（一）放大受众传播面

扩大受众覆盖面是传媒工作的核心逻辑。在文化方面，尤其是文化研究方面，机构、人员、经费和成果永远不会缺少。缺少的是沟通，尤其是基于新媒体的轻量级、零碎的沟通。这一点在"非遗"领域同样存在。因此，从传播的角度来看，媒介在"非遗"传承中扮演着不可替代的角色。

多年来，《光明日报》一直在研究新媒体产品，通过技术与渠道的整合，拓展市场，紧跟时代的发展趋势。通过手机直播等手段，它获得了社会的广泛认可。在 2017 年，《光明日报》举办了 30 场名为"致·非遗 敬·匠心"的现场直播活动，展示了中华文化和工匠精神在"非遗"中的体现，让更多的年轻网友直观地了解我们国家的非物质文化遗产，同时也为他们打开了理解传统文化的窗口。从传播原理上来说，移动网络直播是一种多视角、高互动的模式。新媒介文化的传播突破了传统媒体（如报刊、网络等）在平台、传播手段等方面的限制，而且传播的精度也远超以往。

（二）从技艺到情感，丰富"非遗"的表达

几千年来，大部分的"非遗"都以原始形态的自生自灭和自我保存方式存续至今。然而，随着网络和新媒体的兴起，"非遗"的传播模式发生了翻天覆地的变化，对人们的文化生活产生了巨大影响。如今，要吸引观众，就需要找到与当下观众相关的地点、时间点和故事点，只有这样的传播才能产生良好效果。例如，《光明日报》在直播龙泉时展示了窑洞开启时"噼里啪啦"的声音，不仅捕捉到了人们满怀期待的那一刻，还在手机直播间引发了观众的共鸣。这不仅让年轻的网友们对其产生更多好感，还让观众建立起一种文化自信，对传统文化产生了自豪感，并从内心深处参与到传播中。

在 2017 年末，《光明日报》邀请腾冲皮影戏演员参加了"年度非遗人物奖"的颁奖典礼。他们在狭小的会议室内上演了一场精彩的演出，展示了六代人传承的艺术。当幕布落下时，三代人出现在舞台上。媒体在报道过程中捕捉到了谢幕时的一些小细节，这让许多观众产生了共鸣，感受到了"非遗"在人们生活中的蓬勃活力。因此，在网络时代，新媒介为我国的传统文化带来了新的表现形式和传播途径，注入了新的生命力。

（三）从项目到精神，提炼"非遗"的文化内核

"非遗"传播工作者在传播过程中需要进行纵向的深度挖掘，讲述知识，揭示文化内核。以《二十四节气》为例，播音员将重点放在了"天人合一"这一理念上。另外，《光明日报》在 2017 年举办的"中国最具影响力的非遗人物评选"通过十位典型人物的事迹串联了当年的"非遗"里程碑事件，并从"择业—专科学校—大学生"这一角度发掘了文化内涵。非物质文化遗产的保护需要关注人、物、生活，而"非遗"传播也要看重义气、感情和精神。

此外，《光明日报》还试图将网络名人的影响力转化为"非遗"传承的推动力，并通过网络宣传和市场推广将"非遗"的故事和精神传播到世界各地，使全球的"非遗"传承人都能从中受益，形成良性循环。新媒体特别是融合传播仍处于起步阶段，未来仍有很长的发展路程，因此需要把握好技术

和技能这两个关键点。技术方面，需要对新的方式和形式有敏锐的洞察，例如如何在移动设备中产生更深入的关联。在技能方面，主要包括采访安排、活动策划和项目管理等方面的能力。要将虚拟传播与实体项目建设相结合，与经济社会发展的产业链互动。

共建、共享、参与和创新是每个传媒人的责任。媒体应该抓住这四个关键点，通过各种项目和活动，为整个社会搭建一个新的平台和机制，以保护和传承"非遗"，让每个人都能记录、创造和分享，从而形成对优秀传统文化继承和发展的良好氛围。

三、传播视角："非遗"传承发展的"链接键"与"外环境"

（一）"传播视角"的定位

以"传播视角"为基础的学术研究已经在多个学科领域扎根，并形成了一批较为成熟的理论路径和研究范式，对所关注的问题进行了多层面、多角度地探索。因此，下文将从现有数百种不同的定义中选择合适的来框定"传播"一词在本文中的含义。

在过去，传播学领域主要分为两个方向，即人际传播（Inter-personal communication）和大众传播（Mass communication），两者之间存在明显的界限。人际传播指的是在两个或多个人之间进行频繁的面对面传播。而当信息源为了与大量观众交流而采用某种科技手段作为媒介时，就成为一种大众传播。因此，在人类学中出现的"传播"一词，指的是社会中的个体从另一个社会中借取文化要素的过程。显然，这是一种更为纯粹的人与人之间的交流。在这种界定下，如果以"非物质文化遗产"作为传播的对象，对于"非物质文化遗产传播"的研究主要关注基于人际关系的代际传承和横向扩散行为，以及跨地域、跨民族的传播轨迹、规律以及其流变特性的研究。

论文中的"传播"一词更多地指的是通过各种途径和手段进行的传媒传播，尤其是通过现代社会中出现的大众传媒对非物质文化遗产进行的信息和知识传播，可归类为"大众传播"。

然而，随着传媒行业的发展，大众传播和人际传播之间的界限变得越来越模糊。社交媒体的兴起以及其突出的人际交流特征，导致公共信息在某种程度上向人际交流网络的方向发展。在这种情况下，人际传播的特性成为大众传播的一个关键因素。例如，观众的信息反馈不再只是信息传播的次要元素，而是呈现出实时表达和即时交互的趋势。受众对语言文字、静态图像和预先设定的音视频等信息不再满足，因此需要提供以受众为导向的全感官参与式沟通体验。

（二）"传播"在"非遗"传承发展中的作用

田青在做客人民网时谈道："非物质文化遗产是我们民族的根与魂，是我们民族的'DNA'"。实际上，当我们试图建立一个能够直接展示非物质文化遗产发展规律和在传播过程中扮演角色的模型时，DNA 的双链结构更为贴切。通过这个模型来模拟非物质文化遗产的传承与发展，可以更具体地探讨传播在这一过程中的作用。

人类无形的文化创造以非物质文化遗产为载体，在历史进程中表现为DNA 的双链结构。其中，"非遗"主体的相对稳定传承形式（"传承主链"）和"非遗"主体的提取、融合与变异（"衍生主链"）构成了历史进程中的双链结构。在漫长的进化过程中，它们以"链接键"为基础，以一种扭曲的方式围绕着一个共同的轴线，形成了双螺旋桨的结构。

在这个结构中，双链是不可或缺的，双链之间的"链接键"不断交换和传递，正是这一点才能维持螺旋结构的动态性和稳定性。"链接键"即传播通道，包括自发的、有计划的、有组织的群体传播和通过媒体完成的大众传播行为。这种结构依赖的"外环境"与非物质文化遗产的传承状态及传播成效密切相关，具有稳定性、促进性和阻滞性三种不同的作用效果。

正确认识这种双螺旋线结构，探讨"链接键"和"外环境"如何发挥积极作用，对于了解"非遗"作为一种信息和知识在现代社会中的传播和发展具有重要的实际意义。同时，这也有助于我们更好地认识和掌握"非遗"作为一种信息和知识传播的基本规律，从而更好地确定我国"非遗"保护应采取的基本立场。

（三）发挥"链接键"和"外环境"的正效应

为了有效传承非物质文化遗产，我们必须明确传承的对象和目的。故宫博物院的前任馆长单霁翔曾对媒体表示：故宫的存亡主要取决于有多少人了解它的价值。我们不能忽视故宫对青少年的吸引力。虽然故宫的价值已经得到全世界的认可，但是保持其活力的关键在于传播，特别是年轻一代对其的认可。

相对于有形文化遗产如故宫而言，非有形文化遗产更依赖于其传播。台北美术学院传统美术学院院长江韶莹也持类似观点，她认为中国台湾除了全面保护非物质文化遗产外，还应该从扩大受众群体和培养后辈传承人等方面来保护非物质文化遗产。

在传承链条中，传承人是最核心的环节，也是最重要的环节。而传播的利益群体，尤其是近年来提出的"群体传承"理念，即"传承人群"，是推动衍生主体链条积极发展的动力。一名记者曾报道了阿里年货节上的"民间募捐"活动，他说："对于高密井沟镇河南村这门濒临灭绝的传统剪纸手艺，有多少人还关注和喜爱比有徒弟愿意学更重要。"

针对以上观点，我们可以总结出一些核心词组，如"理解其价值""青年人的兴趣""青年人的继承者""外界的关注"，它们分别指向了传播的目标和对象。为了让更多的"非遗"回归到日常生活中，焕发出勃勃生机，我们可以从积极利用"外部环境"和"联结纽带"入手，尤其是面向整个社会、特别是面向年轻人的"非遗"价值传播方式。

1.由名词普及向深度传播过渡

传播学者们认为，"文化"指的是在人们为自己创造秩序和意义的过程中生成的东西。它既包括可以通过主观心理分析认知的个人倾向、态度或理念，也包括需要通过客观社会认知的社会结构、政治体制、公众行为和空间，以及人际互动机制等。因此，社会和政治等外部环境在文化交流中起着重要作用。

在我国"非遗"普及传播的初期阶段，"非遗"必然成为商品销售中的一种吸引人的标志，而"非遗"的传承者和保护机构需要意识到传播与价值传递的好处以及永续进程。同时，学术界越来越多地意识到现代传播对"非遗"传承走向的影响，以及对传承人和从业人员生存的动力，并开始关注在当前传播背景下"非遗"的生存状况的变化。

近年来，在传媒的帮助下，非物质文化遗产的"外部环境"不断改善。媒体频繁报道使其逐渐成为一个重要的社会话题。纪录片传递的是内涵、美感和精神，而文化传承类综艺节目传递的是乐趣、兴趣和知识。大型晚会等特殊节目的高收视率不断提升"非遗"的关注度和影响力。因此，非物质文化遗产的媒体传播已经从术语普及阶段进入了深度传播阶段。例如，《留住手艺》在2012年播出，《指尖上的传承》在2015年播出，《传承》在2016年播出，这些都是以"非遗"传承为主题的节目。知名节目如《舌尖上的中国》《我在故宫修文物》《大国工匠》和《记住乡愁》等通过多个角度展现了"非遗"的特殊魅力和传承。北京卫视的《传承者》是一档展示传统文化的真人秀节目，央视的《叮咯咙咚呛》是一档以"传承"为主题的艺术表演，是将"传播"和"传承"相融合的精品栏目，是一个全新的尝试。

然而，在"非遗"传承发展的外部环境中，舆论传播中的一些内在缺陷仍然对其产生深远影响，我们仍然需要保持警惕。例如，尽管在传媒的大背景下，"工匠精神""手艺"等词汇近年来开始出现，但它们仅仅是"热词"，并不能代表传统工艺的复苏。

2.对遗产的良好阐释是前提

"非遗"的普及传播和转化利用不仅依赖于"非遗"传承人和"非遗"保护者的努力，还需要依靠高质量的社会化资源的协同作用。特别需要注重对不同类别的"非遗"元素进行提炼和再设计，并将其应用于日常生活中。目前，"非遗"不仅在文化创意产业和其他相关行业中蓬勃发展，也开始在较为遥远的产品生产领域崭露头角。在这样的背景下，无论从个人角度还是整个"非遗"保护体系来看，都显得非常重要。

例如，在"非遗"衍生产品的设计方面，目前主要方法仍然以具有代表性的图案和民俗类"非遗"产品的造型为主。然而，在原材料、样式等方面的直接应用中，有时为了缩短开发周期和节省成本，过于注重表面而忽略了传统价值，甚至将其分散。对遗产进行良好的诠释实质上是对"链接键"进行解构、放大和优化的过程，以帮助传承主体高效地传播遗产的内涵和价值等核心部分。

3.与"非遗"传承发展规律相吻合的传播导向

"非遗热潮"并不能代表大部分"非遗"和"非遗"从业人员都受到了社会的广泛关注。我们需要做的是提高整个社会的文化意识，增进公众对"非遗"和"非遗"从业者的整体了解。例如，一些传统工艺已经偏离了现代化的轨道，少数传承者在没有得到充分物质和精神支持的情况下，仍在努力保持传统工艺的传承，但面临着消亡的威胁。因此，我们迫切需要在社会舆论环境中有意识地建立起一个以传统为准则的引导，将对非物质文化遗产这样的传统文化的抢救保护和积极传承提升到全民意识和自觉的层面。

最近两年，以网络为平台，以群众为主体的"众筹"方式在全国范围内兴起，形成了新的"非遗"发展热潮。例如，2015年8月，上海曲艺剧团发布了一项关于原版曲艺《林徽因》的"众筹"方案，并于2016年3月与一家金融机构合作，初步形成了"众筹"的模式。此外，"故宫淘宝"与"淘宝众筹"合作，在2016年春节期间启动了"非遗众筹"活动。通过"故宫淘宝"青年设计团队创作的"朱仙镇木版年画""高密剪纸"等"非遗"传承人的作品，获得了上万名网民的关注。其中，"龙凤呈祥""帝后赐福""探花"等5个项目仅用了4天就筹集到了35万元的资金。媒体将这一活动称为"年轻与传统的碰撞"。

然而，在创造积极影响力的同时，我们必须及时纠正不正确的舆论引导。例如，多年来，有关"韩国抢着申报非物质文化遗产"的报道一直具有误导性。实际上，韩国的"江陵端午"与中国的"端午"是一种既相关又不同的文化习俗，它们共同构成了完整的民族文化体系。

4.小众化社群促生传承人群

在告别传统三大媒介垄断的"大众传媒"时代之后，以移动互联为基础的"社区"群体作为传播方式的"黏性"极大，将对大众传媒产生巨大影响。在现代"非遗"传播与推广活动中，依托"故乡情结""猎奇""特殊的审美情趣""特殊的兴趣爱好"等，构建并维持了"小众"群体，有效推动了

"非遗"传承与发展的"链接键"。这些群体依靠特殊的传播需求，维持了较高的信息传递率和主体参与度。

举例来说，毛线编织是上海的一种主要手工艺，黄培英和冯秋萍这两位著名的毛线编织艺术家，在二十世纪曾引领了几十年的"生活风潮"。然而，进入二十一世纪，由于生活节奏的加快以及其他因素的影响，毛线编织逐渐淡出了人们的视野，只有少部分人仍在用"织绒线"消磨时间，传递手工编织带来的温馨。然而，在全国知名的电商平台上，却有一个名为"织娘"的大型社区。截至 2017 年 2 月，该社区已经拥有八万七千多名成员，这个社区成员在其中秀出自己的毛线作品，甚至比网上购物更具趣味。

此外，借助社交媒体公众号，组建"兴趣部落"，发表粉丝作品集，举办线下沙龙等活动，一定程度上形成了一个兴趣社区，大家一起寻找时代的"回归线"。

5. "非遗"数字资源的价值凸显

媒体沟通已经从以"通道"为主导转向以"内容"为主导，各媒体在沟通上的"能力鸿沟"已经被突破。例如，现在越来越多的内容提供商会在社交媒体上传播原创自媒体内容。因此，后台内容资源的首创性、吸引力和丰富性会对受众的关注度和粉丝的集结能力产生影响。

在《非物质文化遗产数字化研究》一书中总提道："基于网络的'非遗'数字资源，将越来越成为让'非遗'进入普通人关注视野的最佳途径，也将越来越成为'非遗'保存、保护与传承的主要信息源泉与实现途径。"在过去几年里，借助移动互联、社交媒体和互联网等技术手段，我国传统文化的数字化传播已达到前所未有的规模、速度和影响力。

例如，以大众为基础，成为资讯传递的门面角色。目前，关于"非遗"的订阅号和公众号数量庞大，其中有几百个甚至几千个备受认可，很多订阅号的发布频率和关注度都很高。这些订阅号和公众号具有不同的功能：发布部门工作信息和组织活动、传播研究机构信息与学术成果、转载公司法人资讯和介绍业务、提供独立科研结果发表的平台等。例如，浙江省象山县的订阅账号"象山非遗"每天推送与本地"非遗"项目相关的信息，语言简洁但内容贴切，还定期举办科普活动，吸引了大批忠实粉丝。

正是基于这一点，将非物质文化遗产中各种传统文化项目以及艺术表达形式进行数字化记录和保存，产生的"非遗"数字资源的价值已不仅仅是存储层面的，而是在虚拟环境中进行更广泛推广的层面。在现代"非遗"传承与发展过程中，数字资源的价值已达到无可替代的高度。

第二节　非物质文化遗产传播的关系辨析

联合国教科文组织《保护非物质文化遗产公约》（以下简称《公约》）在前提部分明确提出："考虑到必须提高人们，尤其是年轻一代对非物质文化遗产及其保护的重要意义的认识""认为非物质文化遗产是密切人与人之间的关系以及他们之间进行交流和了解的要素，它的作用是不可估量的"。《公约》明确指出，"非遗"文化对人类的重要性不在于基因传播，而在于人类与"非遗"文化的联系。

从广义上讲，"非遗"文化的传承可以是一代一代的传承，也可以是跨地区的传播。例如，中国的龙舟节传到韩国后变成了端午节。然而，在本节中，强调"非遗"的传播更多是一种自觉、积极的活动，通过媒体和科技手段来完成，并没有形成一个历史性的过程。

非遗界和传播界已经基本形成了对"非遗"传承重要性及其所能发挥的重大作用的共识。作为一种传承内容，"非遗"必须遵守其传承的一般规律，因此，"非遗"传播也具有自身的独特性。

一、传播方式

简单来说，传播可以分为大众传播和人际传播两个方面。"非遗"传播也主要涉及这两个方面。当我们提到"非遗"传播时，我们首先想到的是通过媒体向大众传播。以 2017 年 9 月的"喜迎十九大·文脉颂中华"非物质文化遗产大型网络传播活动为例，这是一次典型的主题传播案例。在一个月的活动期间，网络媒体报道数量达到了 51.6 万篇，其中包括新闻报道 20.5 万篇和微信文章 31.1 万篇。网民们转发和讨论的数量达到了 189.5 万条，其中微博信息占据了 181.1 万条，新闻跟帖占据了 7.1 万条，而论坛帖文和博客文章总共有 1.3 万篇。此外，微博平台上相关话题的阅读量达到了 5981 万人次，包括"喜迎十九大·文脉颂中华""文脉颂中华""非遗看中国"等话题。

　　"非遗"传播实践采用综合方式，既通过面向人际的活动展示"非遗"，也通过媒体向大众传播。举例来说，为了加强我国文化遗产保护、传承和弘扬中华优秀传统文化，国务院自 2006 年起设立了"文化遗产日"，后改为"文化和自然遗产日"。设立"遗产日"的目的是创造有利于保护文化和自然遗产的环境，增强公众对于文化和自然遗产保护的重要性的认识，并动员全社会共同参与、关注和保护这些遗产。从"非遗"传播的角度来看，"遗产日"的根本目标是通过人际传播组织活动和媒体宣传的方式，让更多的人了解"非遗"、认识"非遗"、珍爱"非遗"，提高"非遗"的曝光度，提升民众对"非遗"的关注度、喜爱度和参与度。

　　2018 年，"文化和自然遗产日"的"非遗"主场活动是全国"非遗"曲艺周。在曲艺周期间举办开幕演出 1 场，驻场演出 20 场，下社区演出以及社区的"非遗"活动 110 余场，座谈会 3 场，专家讲座 2 场，曲艺专题展 1 个，曲艺研修培训班 1 期，京津冀下乡专场演出 1 场。参与展演和各项活动的相关人员共 1300 余人次，其中参与演出 900 余人次，参加交流调研 700 余人次，参与活动的现场观众达到 2 万余人次，通过网络直播平台观看活动的人数总计达 2 亿多人次。中央广播电视台、《人民日报》、新华社、《光明日报》《中国文化报》、天津广播电视台、《天津日报》《今晚报》等主流媒体播发稿件 140 多篇，百度上全国"非遗"曲艺周的搜索数据超过 150 万条。"非遗"曲艺周所带来的深远影响不仅表现在人际交流方面，还体现在大众传播方面，使广大民众受益。

　　尽管"非遗"人际传播的形式更加丰富多样，例如展览、表演和互动等，但长期以来，学术界和相关部门并没有专门研究以"非遗"展示为主要形式的"非遗"人际传播这一主题。

　　基于已有的"非遗"展示实践经验与案例，2017 年，我国非物质文化遗产司率先提出了"非遗策展"这一新理念，尝试性地探索促进"非遗"展示工作的开展，并将其归纳为"策展三问"，包括"非遗"展示中最常遇到的困难与迷茫、"非遗"展示的基本规范以及"非遗"展示的基本过程。在过去的两年中，通过对展览实践的探索和总结，我们已经基本形成了一个共识。首先，我们需要加强对展览的整理和研究，努力实现展览的"不研不展"。

其次，策展思路应更具专门性，以某种角度、某种逻辑将展览串联起来。第三，展览设置需要更加具体和验证性，要针对"非遗"特性设置体验区。第四，我们需要积极运用新媒体，加强展览的多样性和创新性。第五，我们要将非物质文化遗产的展览和表演融入到当地的民间生活中。最后，与社会大众保持密切联系，推动"非遗"展示和表演走进社会。

因此，当我们讨论"非遗"的传播时，不仅仅局限于狭义的媒介传播，还应该包括更广泛的"非遗"项目展示及相关活动。例如，展览"非遗"作品就是一种形式，我们也可以开展"非遗"策展活动。在"非遗"展示中，应根据项目和活动的特点，有针对性地安排"非遗"宣传的形式和渠道。例如，将活动引入社区时，可以通过网络直播平台扩大受众。在"非遗"传播方面，我们需要建立一个综合的传播矩阵，结合主流媒体巩固舆论阵地、新兴媒体扩大影响力以及社交平台推动二次传播。同时，我们也要建立一个结合大众传播和人际传播的"非遗"传播整体矩阵。在活动策划初期，就应与宣传计划相结合，全面考虑传播因素。在比赛过程中，应根据事先准备好的要素和剧本，做好数据和视频的录制工作。在活动总结中，除了总结组织工作，还要宣传相关媒体，并对活动效果进行总结。

二、受众分析

在传播学中，受众指的是接收信息的人群。新闻媒体的受众主要包括报纸读者、书籍读者、广播听众、影视观众以及网络用户。因此，在"非遗"传播过程中，对"非遗"传播对象的界定变得尤为重要。为了提高媒体的接受度，建立和维持"非遗"的受众群体，并使其充分发挥各种作用，必须进行受众分析。

（一）"非遗"的持有者和实践者是"非遗"传播的对象

"非遗"根植于人们的生活中。几千年来，勤劳而勇敢的各族人民在与周围环境、自然和历史的互动中创造了丰富多彩的非物质文化遗产。最具代表性的"非遗"项目被纳入各级代表性项目名录，进一步提升了它们的知名度。"非遗"传承是以人类为媒介的活态传承。不同层次的代表性传承人是"非遗"的杰出代表，他们的数量和对遗产的把握程度直接影响着项目的生存状况。

就某一"非遗"而言，其传承者是具有代表性的传承人。从技艺的角度来看，代表性的传承人都是行家，他们也是大众媒体关注的重点对象。在传承"非遗"的过程中，应尊重他们的意愿，调动他们的积极性，让他们更多地参与到"非遗"的学习和传承故事中，从而提升"非遗"的社会影响力、技艺特色、文化和艺术价值。从人的角度来看，"非遗"的传承方式多种多样。例如，《中国文化报》在第五批国家级"非遗"代表传承人确定后，开设了一个专栏，对 31 位具有代表性的传承人进行了采访，用以点带面的形式展示了不同地区、不同类型的国家级"非遗"代表传承人的风采。广大群众作为"非遗"传承的参与者，是"非遗"传承的主体，因此，如何引起广大群众的重视并使其成为"非遗"传承的主体，是"非遗"传承的关键。在这个"关注不足"的时代，要想更好地吸引大众，必须有更多的途径和方法。例如，北京电视台的《非凡匠心》是一档真人秀节目，让艺人们拜师传承人学习技艺，并介绍相关项目、技术特点、工匠精神和文化内涵。通过明星学艺来增强互动和体验，减少大众对"非遗"的陌生感，使"非遗"与人们的情感融合和共鸣。

（二）"非遗"传播受众群体逐渐形成

人民大众天然是"非遗"的主人，他们创造、参与和传承着非物质文化遗产，也是最大的利益相关者，应该成为最终的受益者。非物质文化遗产的保护和传承需要社会广泛的参与。通过传播的推动，"非物质文化遗产"这个复杂的概念已经被广泛认知，而且在经济社会的各个领域频繁出现，成为社会关注的焦点。在研究领域，越来越多的学者意识到非物质文化遗产传播在传承中的重要作用，并关注非物质文化遗产传播的理论和实践

同时随着《我在故宫修文物》等纪录片、《传承者》等综艺节目的热播，以及《我们的节日》、2018 年"文化和自然遗产日"央视播出的"非遗公开课"等大型专题节目，不断扩大了"非遗"的关注度和影响力。"人

以群分"——"非遗"传播相对固定的受众群体逐渐形成，"非遗"传播有了向深度传播转变的内生动力。

对于很多"非遗"项目而言，天赋是必要的，熟练掌握也需要时间。许多传承人精通技艺，但表达能力较差，与此相反，那些受过良好教育的后代或徒弟在表达方面更有优势。他们能够将"非遗"项目与时俱进地推广和传播，与媒体进行对话。

"非遗"传播的受众中有很多人拥有丰富的社会资源，他们会利用自身资源来支持"非遗"事业。从资源角度来看，媒体从业者拥有话语权，是最容易成为传播"非遗"的专家。通过媒体报道，特别是新兴的新媒体、短视频和直播等渠道，为"非遗"传播提供了动力，扩大了"非遗"保护的声音，鼓励更多人参与"非遗"的传承和保护。现实中存在许多因媒体报道而吸引高素质人才加入传承队伍的案例，促进了"非遗"事业的延续。

（三）青少年是"非遗"传播的重点对象

中共中央办公厅、国务院办公厅印发的《关于实施中华优秀传统文化传承发展工程的意见》中强调，要"发挥青少年的生力军作用""形成人人传承发展中华优秀传统文化的生动局面"。

《公约》出台的一个背景是"考虑到必须提高人们，尤其是年轻一代对非物质文化遗产及其保护的重要意义的认识"。《当代人对后代人的责任宣言》是联合国教科文组织于1997年通过的一项重要决议。宣言中强调了当代人应该保护人类的文化多样性，并承担起保存和传承物质及非物质文化遗产的责任。非物质文化遗产作为一种特殊的文化表现形式，通常需要多代人的努力实践和传承才能得以保存。年轻人的参与和继承对于非物质文化遗产的传承至关重要，这也是维系文化认同和加强社会凝聚力的关键因素之一。因此，青少年的积极参与成为非物质文化遗产传播中必不可少的条件之一。这需要我们制定相应的保护政策并付诸实践，以确保非物质文化遗产得以传承和发展，为后代子孙留下宝贵的共同遗产。

当下，青少年作为网络世界的主力军，线上的内容深刻影响着他们的线下实践。在中央网信办网络新闻信息传播局、文化部非物质文化遗产司共同举办的"贯彻十九大·文脉颂中华"全国青少年 VR 短视频大赛启动仪式上，联合国教科文组织非物质文化遗产领域专家、中国民俗学会副会长、中国社会科学院民族文学研究所研究员巴莫曲布嫫指出："青少年在社交媒体上花费了大量的时间去探索，并乐于分享这种探索的结果。由此产生的互动环境也激发并加强了这一群体对于其他文化的认识和了解，并促使人们认识到学校教育以外的其他知识体系的重要性。"为了使青少年成为"非遗"保护的积极力量，我们需要依靠文化部门、媒体和社会重新赋予他们权力。通过整合青少年群体，并将他们作为一个行动主体参与文化实践和传播实践，我们可以为他们有效地参与社会公共生活、塑造可持续未来创造适宜的条件。为了实现这一目标，我们需要根据"非遗"项目的具体情况，综合运用线上和线下的传播手段，建立各种联系和网络。这样的努力将确保我们的"非遗"传统得到传承与保护，同时也培养出更多有意识、有责任感的青年一代。

（四）"非遗"影像：连接"非遗"专业机构、专家和民众

非物质文化遗产的保护措施涵盖确认、立案、研究、保存、保护、宣传、弘扬、传承和振兴等多个方面。"非遗"影像在整个过程中扮演着重要角色，从立案到振兴都与其息息相关。2018 年首次举办的"非遗"影像展上提出的"平遥倡议"清晰地展示了"非遗"影像在连接"非遗"专业机构、专家和民众之间的重要功能。该倡议旨在吸引"非遗"保护事业的从业者、研究者、记录者以及各界人士，包括专家和普通民众。随着现代科技的飞速发展，影像记录已成为"非遗"工作中一道越来越引人注目的景观，成为"非遗"传承保护不可或缺的重要手段，发挥着日益突出的作用。通过"非遗"影像，我们能够展现"非遗"传承的多样性，共享"非遗"影像记录所取得的可喜成果。

对于"非遗"专业机构和专家而言，他们在进行"非遗"影像记录时应该遵循一些基本原则。首先，记录应该真实地展现人物、物件和生活场景。除了记录"非遗"项目和传承者，还要记录"非遗"文化如何融入日常生活和文化空间。其次，影像记录应该具有活力和活态感。它应该真实地呈现"非遗"在城市和乡村中不同的生存环境，并追踪"非遗"的活态变化过程。第

三，"非遗"影像记录应该让生活变得更美好。通过生动而鲜活的"非遗"影像记录，可以增强公众对传统文化的热爱，满足人们日益增长的对美好生活的需求。最后，"非遗"影像记录应该反映新时代、新生活和新传承。它应该展示"非遗"的传承发展，并展示其与新时代、新生活的融合与交流。通过遵循这些原则，"非遗"专业机构和专家可以创作出富有价值和意义的"非遗"影像记录作品。这些作品不仅可以记录"非遗"的珍贵文化遗产，还能够为人们带来美的享受和思考。

随着影像技术的普及和进步，影像记录变得更加简单，使得"非遗"影像成为人人都能参与的传播领域。例如，在2018年的"文化和自然遗产日"前后，快手与央视财经合作推出了"我的家乡有非遗"系列活动，网友上传了超过3500个短视频作品，有8100万人次参与互动；同时，全国"非遗"曲艺周也进行了7场直播，吸引了总计1896万人次的观众。"非遗"源自生活，形成于生活，最终要回归到生活中。

因此，我们应该鼓励每个人都积极参与"非遗"影像的记录和传播工作。我们呼吁全社会，特别是青少年，拿起手机、相机、摄像机等影像设备，在日常生活中随手记录身边的"非遗"文化，并通过网络和其他新媒体进行传播和交流，提高"非遗"文化的可见度。只有形成人人喜爱"非遗"、关注"非遗"、保护"非遗"的社会氛围，我们才能真正传承和保护"非遗"文化。

（五）"非遗"传播伦理规范的必要性

当前，"非遗"传播呈现出"马太效应"的特征。虽然某些"非遗"项目备受热捧，但并非所有项目和传承人都能够得到广泛社会关注。为了提高"非遗"传播效果，我们需要加强全社会的文化自信和文化自觉，提升公众对"非遗"的整体认识。

在2014年版《保护非物质文化遗产公约操作指南》中的第四章"提高对非物质文化遗产的认识与《公约》徽标的使用"中，对于"传播和媒体"，提出了详细的要求。其中包括鼓励媒体共同努力，增强对非物质文化遗产作为促进社会和谐、可持续发展和预防冲突手段的重要认识，而不仅仅关注其美学或娱乐价值。该指南实际上针对的是媒体常常更容易关注具有娱乐性和艺术性的"非遗"项目，倡导大众关注各个类别的"非遗"项目。

同时，指南还提出了针对不同目标群体的专门节目和产品，特别强调与年轻人的互动交流，倡议利用地方广播网络和社区电台的作用，促进社区内部的信息共享，并加强"非遗"的非正式传播手段。这些措施旨在推动更广泛的"非遗"传播，让更多人了解和参与"非遗"保护与传承的工作。

随着媒体对非物质文化遗产的关注增加，出现了一些问题。除了需要根据《中华人民共和国非物质文化遗产法》的规定和新闻报道的要求，确保信息传达的准确性、传达正确的理念和内容、不歪曲或贬低，还存在伦理层面上的挑战。"非遗"传播的规律和原则尚未完全形成，我们可以说"非遗"传播的伦理规范正在建立中。

例如，为了增强艺术表现力或节省时间，一些摆拍民俗活动的"去语境化"传播直接破坏了"非遗"的真实性和整体性。另外，为了强调报道对象的难得技艺或某项技艺的珍贵性，有时会忽略传承的现状，仅凭报道对象的陈述就将某个"非遗"项目说成是"濒危"的。而新的技术手段的应用可能会不知不觉地影响人们的视角，从而影响人们的文化心理。

例如，在一些仪式性场合中，按照传统习俗是不允许外人在场的。但为了"非遗"的传播需要，是否可以进行拍摄？这也是一个值得探讨的问题。总之，"非遗"传播需要在法律规定和新闻报道要求的基础上，考虑信息传达的准确性、避免歪曲和贬损，并且建立起伦理规范，以保护"非遗"的真实性和整体性，同时应注意新技术手段可能对人们的视角和文化心理产生的潜在影响。

三、传播空间

"非遗"的传播方式主要包括报纸、广播、电视以及互联网等虚拟空间的传播。而"非遗"的人际传播则通过展览、展示、讲座等活动进行。虚拟现实技术的发展使得在线观看展览、演出成为现实，并且高科技的展览设施将文化空间扩展到实体空间。在线和线下并非完全分离，而是相互融合。

（一）线上展现：激发线下参与热情

　　尽管虚拟现实技术一直在努力提供更真实的体验，但由于缺乏互动和实际体验，无论是直播还是全景展示，在线展示无法完全替代观众亲临现场观展的积极性。相反，它们反而激发了观众的好奇心。2018 年内蒙古自治区举办了"守望相助——56 民族非遗邀请展"，除了亲临内蒙古国家博览会现场观摩外，还有一种叫做 VR 全息影像技术的方式，观众可以通过手机观看整个展会的全貌以及特定的展台。然而，除了视觉和听觉外，嗅觉、味觉、触觉和情感体验等因素无法通过实体展品和数字多媒体直接传达，这正是"非遗"活态展示的独特魅力所在。

　　第五届"中国非遗"展览将以生活化、场景化的形式展示。在高约 5 米，长约 7 米的南京云锦的大花楼木织机上，两名织工一上一下地端坐在上面，向观众演示着南京云锦木机妆花手工织造技艺，嘴里还哼着"南京白局"，再现了明清时期南京织锦人边唱着小曲，边编织云锦的场景。走进制茶酿造展区，扑面而来的是浓烈的茶香、酒香和醋香，不仅让游客从气味上感受到了一种身临其境的感觉，更为游客提供了一个品尝的机会。

　　中国互联网信息中心的数据显示，截至 2022 年 12 月，我国网民规模达10.67 亿，较 2021 年 12 月增长 3549 万，互联网普及率达 75.6%，较 2021 年12 月提升 2.6 个百分点。网络直播凭借其方便、快速、高效的特点，已经在人们的日常生活中得到广泛普及，各种大型网络直播平台也在短时间内涌现。

　　近几年，在"非遗"展览中曾有一些尝试，但都是由自身拥有一定粉丝和流量的主播主持。因为这些主播本身就是某一领域的舆论领导者，同时也拥有自己的一大批粉丝，通过他们的宣传可以吸引更多人关注"非遗"活动和"非遗"项目。比如，第 5 届中国"非遗"展销会吸引了 120000 多名观众。利用各大网络直播平台，将近 6000 万人在线观看了本届博览会的各项活动，有效地扩大了博览会的影响力，最终实现了"全国人民看得见的博览会"的办会目标。

（二）线下活动：为线上引流

在当今注重经济效益的年代，引流资金的成本已经很高了。曾经有消息称，各个视频网站的点击量，从1元1万点击量，到40元1万点击量。像"今日头条"这样的平台，通过人工智能的算法，根据用户的兴趣，向他们提供信息，从而形成一个"信息茧房"，增加了推广的难度，也增加了推广的成本。"非遗"保护是一种公共服务，政府也不会花钱买流量，也不会花时间去抢夺数据。而线下的活动，因为是有针对性的，所以能更好地吸引到对"非遗"有兴趣的人。

"双十一"全球嘉年华会就是一个典型的线上与线下相结合、线下带动线上流量的例子。线下晚会与线上抢购相结合，电商与运营商共庆，交易量超过千亿元，全球嘉年华将全球联动，促销赢利作为主要目标。阿里巴巴于2016年启动了"淘宝创意节"。2018年9月，以"柳浪闻莺"为主题的杭州西湖，举办了第3届"淘宝创意节"。淘宝创意节虽然投资了数十亿，但"只看不卖"，商家会邀请有兴趣的人加入他们的淘宝店，或者在淘宝创意节期间进行线上直播。他们没有选择线下销售，而是通过淘宝挑选店铺，对每一家"神店"的来历进行了归纳和整理。

这说明淘宝已经开始注重原创性和社区化，为成为一个有内容，有交流，有创意的平台做准备。"断桥"时尚秀、"狂野之森"演唱会，淘宝创意节充分利用杭州西湖的露天场馆优势，让所有人都可以在淘宝创意节中，寻找到属于自己的"狂野之旅"。尽管完全就是一场"广告展"，却因为其新颖而被抢购一空，每个店铺价格将近300元。

以"非遗"文市中的店铺为例，展示了多样的经营模式和创新思维。这些店铺不仅包括国家级"非遗"项目泸州油纸伞和丰子恺漫画中的家族染坊丰同裕等老店的线上店铺，还有一些新生小店致力于整合和解构华丝、水族马尾绣等各种"非遗"项目，进行文化创意产业的开拓。

这些店铺在装潢设计上注重将传统元素与现代设计相结合，以重新包装的方式展现"非遗"文化。店铺的一句话简介也融入了许多现代理念，例如将滩头木版年画称为"现代打印工艺的鼻祖"。

互动体验和营销传播相互作用的模式将成为"非遗"展览的发展趋势。从媒体引流到沟通互动再到精神链接，极致的体验将进一步促进"非遗"的人际传播内容多元化、传播多维化和体验多重化。

从线下到线上，民众已成为"非遗"传播的自媒介。在信息时代，多渠道、多角度和多方式的分享成为"非遗"传播的特点。需要关注的是，线下观众和线上互联网受众都是因为对"非遗"的兴趣而集聚在一起的社区生态的参与者，而自媒体的传播将无限放大"非遗"活动的优劣势。在大背景下，即"互联网+"的时代，内容设计、现场体验、舆论趋势和社群价值所带来的口碑效益将是不可估量的。

"非遗"的传播方式涵盖了从大众传播到人际传播的全过程，传播主体和受众范围广泛，涵盖普通民众以及专门从事某一领域的从业者。传播形式则涵盖线上和线下，并不能明确地划分开来，实际上"非遗"传播是连接人际交流和大众传媒、专业与普及、现实与网络的过程。"非遗"传播有其独特之处，它在"非遗"保护和传承之间扮演着重要角色，联系着"非遗"保护工作者、研究者、媒体从业者以及社会大众。同时，"非遗"传播在不同社区和群体之间发挥着超级链接的作用。有效地进行"非遗"传播工作不仅是"非遗"保护的必要手段之一，还能为"非遗"的确认、档案建立、研究、保存和弘扬等各个环节提供支持，从而推动"非遗"的传承延续并保持活力，为其可持续发展提供动力。

第三节　非物质文化遗产的传播策略

"非遗"的传承不仅需要保护传统工艺，承载着前人智慧，还需要不断进行拓展。人们常说："酒香不怕巷子深"，然而在网络的大环境下，这个问题却变成了："酒香也怕巷子深"。我们对我国"非遗"的传播与发展进行了认真梳理，找出其中存在的问题，并进行了深入研究，以提出更高的要求来保护和传承"非遗"。

一、"非遗"传播"良性进化"

到目前为止，我国已经拥有十万项非物质文化遗产，其中国家一级的有1372项，并有42项被列入联合国人类非物质文化遗产名录。与此同时，在"非遗"传播方面，尤其是在网络的帮助下，在传播主体、传播渠道和传播受众等方面取得了显著突破。首先，传播主体的数量不断扩大，从最初由政府相关部门组织推广，到民间传承人的自发传播，再到学术、媒体和商界的积极参与，使得"非遗"传播的主体越来越多样化。其次，传播渠道变得更加多样化。传统上，"非遗"的传播主要依赖于主流媒体和行业媒体等途径，但随着新媒体、短视频和直播等形式的出现，"非遗"传播的渠道变得更加丰富。例如，2017年9月，文化部和中央网信办联合举办了名为"庆祝十九大·文脉颂中华"的大型网络宣传活动，全国范围内展开了一系列宣传工作。据统计，仅一个月时间里，网络新闻报道达到了511.6万条，网友的评论和转发达到了189.5万条，微博上有关"迎接十九大·文脉颂中华"话题的点击率更是达到了5981万次之多。

二、"非遗"传播仍处于初级阶段

通过对"非遗"的宣传，我们可以发现在宣传对象和传播途径上都变得越来越广泛，同时传播的效果也越来越好。然而，需要指出的是我国的"非遗"宣传工作仍处于起步阶段，因此对媒体的利用和社会参与的加强仍然是必要的。

（一）媒介传播潜力尚待挖掘

根据《中国互联网发展情况统计》，截至 2022 年 12 月，我国网民规模达 10.67 亿，其中，10—19 岁、20—29 岁、30—39 岁网民占比分别为 14.3%、14.2%、19.6%。因此，在网络渠道上，年轻人是"非遗"传承的主要对象。在 2018 "世界文化遗产日"期间，"快手"APP 与央视财经频道合作策划了一场名为"我的故乡有非遗"的专题直播活动。网民上传的短视频超过 3500 条，观看人数超过 8100 万。在"国家非遗曲艺周"的七个节目中，吸引了 1.966 亿观众，点赞数达到 3677 万。这表明网络媒体已经开始积极促进"非遗"的推广，但在网络传播界对于"非遗"的关注仍缺乏一个行业共识，媒体沟通的潜力有待进一步开发。因此，如何使"非遗"的传播形式更加丰富、增加互动和体验感，是一个值得业界深思的问题。

（二）警惕"非遗"传播的"跑马圈地"思维

"非遗"是一种具有活力的文化，其保护与传承应该以人为本。由于人口流动的影响，"非遗"呈现出强烈的地域性和变化性。然而，目前我国的"非遗"保护与传播仍以传统的行政区划为基础，这导致一些"非遗"传承人形成了一种"围地奔跑"的思维，将"非遗"资源视为自己独有和排他的。这给非物质文化遗产的传承带来了人为的障碍，使得"非遗"传播的重点无形中受限于地方的狭小范围。在文化交流方面，传播主体应自觉突破地域限制，超越狭隘的观念，增强跨地域交流。因此，必须加强对"非遗"资源的整合，将"非遗"纳入更广阔的文化环境中。

（三）避免理解偏差掩盖"明珠"光芒

"非遗"犹如一颗被尘埃覆盖的明珠，它散发的光芒无法被传播中产生的社会认知偏差所遮蔽。例如，一些人认为传统文化遗产是陈旧的古董，与我们的生活相距太远。还有人将非物质文化遗产与文化遗产划等号，认为它是"望而不可及"的存在。目前存在各种导向上的偏见，这些偏见给"非遗"传承工作带来了无形的障碍。此外，在"注意力经济"和"焦点经济"的环境下，传统的"非遗"文化很难与自带流量的"网红"和"小鲜肉"等流行元素相抗衡。大部分媒体更倾向于采用吸引眼球的报道方式，导致"非遗"文化在社会中被边缘化。

三、"非遗"传播未来展望

（一）数字技术为翼，温度质感为体

利用现代化的数码技术，将传统"非遗"以活态的形式呈现出来，通过多元链接、场景共享等手段，为观众带来沉浸式的体验，使"非遗"变成一种切实可行的生活方式。例如，在第一次"数字中国"建设高峰论坛的"数字非遗"专区，市民只需扫描"AR 卡片"和"AR 电子书"，就能在手机上观看"妈祖祭祀仪式"和"中国剪纸"等"非遗"活动的三维画面。只需戴上虚拟现实眼镜，就能进入传承者的工作室，学习各种传统工艺。

在传播"非遗"时，除了关注其传达的事实和逻辑性，还应考虑如何从关系和情感两个层面缩短与大众的距离。为实现这一目标，首先要利用互联网上共建、共享的特点，积极扩大"非遗"传播的影响力。其次，要加快构建"非遗"资源要素的现代化转化机制，消除人们对"非遗"的陌生感和神秘感。例如，"锦绣中华——中国非物质文化遗产服饰秀"是由文化部恭王府博物馆举办的品牌活动，将现代时装工业与传统服装文化有机融合，共推出了 11 场精彩的"非遗"服装表演，为观众和网民们提供了视觉上的盛宴。此外，该活动在推广和宣传上也取得了良好的效果。据统计，共有 23 个网络直播平台参与了互动直播，累计点击率近 5800 万次，网友互动次数超过一千万次。可见，只有通过呈现具有温度和质感的"非遗"传播内容，才能与大众产生情感共鸣，奏响一曲净化人心的美妙乐章。

（二）借力发展大势，整合媒介资源

要充分利用"借力"的意识，推动"非遗"的非基因传播，就必须引起社会各界的高度重视。首先，我们应该学习如何适应社会和时代的发展趋势，对"非遗"进行传承和创新。通过更新"非遗"的表达方式和内容，实现创造性转化和创新性发展的目标。大力培育一批具有特色、内涵丰富、独特而有价值的"非遗"项目，推动"非遗"走向世界，让其成为让世界了解中华文化的窗口，以"中国特色"的形式在国际进行文化交流和分享。

其次，我们要学会利用新媒体，发挥新媒体的作用，提高网络传播的效果。借助算法机制，实现对"非遗"内容的高效传播，并在社交平台上引发话题、增强互动，从而提高公众对"非遗"的认知和理解。我们应该利用社会的力量，不断扩大"非遗"传播的范围。

通过这些措施，我们能够积极推动非基因传播，使"非遗"在社会中得到更广泛地传播和认可，从而实现"非遗"的传承和发展。

（三）实施"非遗"教育，弘扬传统文化

"非遗"的传播与中国人的审美观、人文素养的培养以及审美和文化欣赏水平的提高直接相关。为了普及"非遗"，我们应该从娃娃开始，将其中的经典故事、哲理和思想融入日常教育中。要实现这一目标，首先需要加强对"非遗"的宣传，使年轻一代能够系统而感性地了解"非遗"和中华优秀的传统文化。将"非遗"课程纳入国家的教育体系，让每个孩子都必修"非遗"课程。其次，要重视培育工作，在学校和社区设立"非遗"传习实践基地，聘请"非遗"传承人开设专门的培训班，组建各种兴趣小组，让不同年龄段的学生都能在实践中体验传统的"非遗"技术，加深对非物质文化遗产的认识和理解。

通过这些举措，我们可以促进"非遗"的传播，提升人们对"非遗"的关注和参与度，并增强对传统文化的传承。

（四）打造"非遗符号"，提升城市形象

在历史长河中，"非遗"是一种具有地域特色的文化资源，对于城市形象的塑造和提升具有不可替代的价值。为了实现这一目标，我们需要采取以下措施。首先，将"非遗"的文化传播作为一个重要的切入点，通过新媒体、社交网络等平台展示地方"非遗"资源。其次，构建有利于"非遗"传承和发展的都市文化生态，使其在都市文化空间中保持多元特质，避免过度商业化的因素。最后，以"非遗"实践活动和城市公共"非遗"空间为载体，创造"非遗符号"，使"非遗"成为城市重要的文化标志，提升城市整体形象，并与社会大众建立起价值和情感上的联系。

第四节　凝聚关注力量，实现"非遗"传承

只有在创造一个让"非遗"传承者拥有尊严、收入的社会环境条件下，"非遗"才能焕发生机，实现创造性转变和发展，使中华文化散发出永恒的魅力和与时俱进的气息。2018 年 7 月，中国传媒大学联合文化部非遗司共同举办了"2018 非遗传播研讨会"，吸引了众多专家、学者和媒体代表共同参与，为"非遗"传播的发展进行了深入研讨，为其设定了发展方向。

一、理念：传承和传播"双轮驱动"

2018 年的"文化和自然遗产日"当天，央视电视台举办了一场精彩的"非遗公开课"，通过借鉴中国传统木构建筑技术中的"斗拱"，打造了具有中国风格的舞台。节目中展示了奉贤地区的"非遗"项目，如"滚灯""二十四节气"和"口技"，还有服装表演。此外，还巧妙地运用了灯光秀等新颖的表演方式。通过专家讲解和嘉宾亲身体验，向听众详细介绍了"非遗"的内涵和保护意义。"非遗"无处不在，近在咫尺，是我们的生活的一种方式。

这次的"非遗公开课"毫无疑问是 2018 年"文化和自然遗产日"中最具重要社会影响的活动之一，将"非遗"的美丽和精神表现得淋漓尽致。著名民俗学者、中国社科院名誉学部委员刘魁立老师以独特的视角参与了整个过程，深刻感受到"一带一路"给"非遗"社区带来的鼓舞和激励：提升了"非遗"传承人的自豪感，同时激发了全社会对中华优秀传统文化传承与发扬的文化自信和意识。

"传播和传承一起，成为推动'非遗'工作的两个轮子。"高丙中认为广泛的"非遗"传播是"非遗"保护的基本途径和重要手段，可以为"非遗"的传承和发展奠定更坚实的基础。

"'非遗'代表性项目保护，需要形成良好的文化生态系统。只有社会公众的广泛参与和积极实践，形成人人传承发展优秀传统文化的生动局面，

'非遗'才能保持旺盛的生命力。"陈通表示，要调动全社会的力量参与"非遗"的宣传工作，持续扩大"非遗"传播的"朋友圈"。

二、定调：不是"授人以鱼"，而是要"授人以渔"

在国外，手工制品被视为艺术品，其价值是机械制品的数倍甚至百倍。然而，在国内，手工艺品尚未展现出其应有的价值，仍然被认为是劣质廉价的代名词。冼枫，清华美院智慧型互动系统设计研究所的主任指出，除了设计和市场等方面的因素外，更重要的是没有充分挖掘手工艺品的艺术性，缺乏对美学和文化欣赏的正确引导。

众人一致认为，对于传统手工艺"非遗"项目，应该注重"授人以渔"而非"授人以鱼"，激发消费需求，让"非遗"传承人有收入来源，让他们能拥有可持续的经济收益，从而拥有继承下去的底气和尊严。对于"非遗"的传承，我们不应该怜悯和同情，而是应该关心和保护，为其发展创造良好的社会环境。推广"非遗"并不意味着施舍或捐赠，更重要的是培养消费者的认可和接受，为"非遗"的发展创造良好的市场环境。

文化和旅游部副部长项兆伦认为，当前的"非遗"保护政策和措施旨在增加传承的生命力和后劲，而对于"非遗"的传播，则需要引导和加强人们对"非遗"的理解："非遗"并非一种遗产，而是一种文化传统，是通过积极实践得到传承和发扬的理念。确保"非遗"的活力，使其能够持续传承和发展，是"非遗"保护的根本目标。在传承传统文化的同时，我们还应该让下一代更好地认识传统文化的重要性，更加积极地参与传统文化的发展。

三、方法：让主流变得更清流、更潮流

徽州木雕大师王金生和"80后"马文甲都使用相同的木雕技术完成了作品。严定宪，中华人民共和国成立以来最早的动画师，《大闹天宫》的原画师，将与下一代的3D画师共同创作美猴王的转世。北京卫视的《非凡匠心》以一种全新的形式与新生代艺术家展开艺术交流与合作。在这个过程中，北

京电视台电视频道总监马宏提出了许多关于通过电视综艺创新弘扬中华传统文化的观点。她希望透过"非遗"传承人的影像与艺术影像的重叠，引起人们的关注和思考，使其成为一股主流的清流。

CCTV 财经频道《时尚大师》栏目制作人杨晓晖以中国古典文化内涵为题材，组织设计师进行创作，旨在实现"一箭双雕"，使中国传统手工业焕发现代新生，使中国文化走向世界。同时，她也努力将电视节目与时下热门的网络购物相结合，通过线上与线下的互动，让更多人身着带有中国元素的服饰，去体验文化之美和时尚之美。

"文化领域不缺机构、不缺人员、不缺资金、不缺成果，缺的是传播，尤其是基于新媒体的轻传播和碎片化传播，在'非遗'领域也有着同样的缺憾。"《光明日报》副主编陆先高认为，"非遗传播"应紧跟时代步伐，加大新媒体的宣传力度。《光明日报》在 2017 年首次尝试利用互联网进行"非遗"宣传，并在全国范围内进行了 30 场"致·非遗，敬·匠心"的现场直播，累计播放量超过 3000 万次，使更多年轻网友对"非遗"有了更深的了解，也为青少年开启了一扇关注和理解传统文化的窗户。

"互联网的特点是共建和共享，人人都是参与者和创作者，要顺势推进'非遗'传播的全民参与。"北京师范大学新闻学与传播学系执行主任喻国明教授认为，全民参与不仅包括各级政府、各级文化主管部门和公共文化服务组织的参与，还应积极地让文化艺术团体、学校和媒体参与到"非遗"传播中，以促进人们对优秀传统文化的记录和分享。

第六章　山东省典型非物质文化遗产的
传承保护与发展

华北地区作为中华文明的发源地之一，孕育了丰富而独特的非物质文化遗产。这些典型非物质文化遗产既是历史的见证，也是民族文化的瑰宝。在现代社会的发展过程中，传承、保护和发展这些非物质文化遗产变得尤为重要。

通过深入研究华北地区典型非物质文化遗产的传承保护与发展，我们能更好地理解和推动非物质文化遗产的保护和传承工作。同时，也可以为其他地区和文化传统的保护与发展提供借鉴和启示，共同推动全球非物质文化遗产的多样性和繁荣。

第一节 青州市非物质文化遗产的传承与保护

我国是世界上最大的非物质文化遗产国家，青州市目前拥有 1 项国家级非物质文化遗产——青州铜鼓和 10 项山东省省级非物质文化遗产：如"青州石屋"建造技术、青州府花边大件、红绸砚的制作技术、青州剪纸等。潍坊市市级非物质文化遗产，包括"青州石雕""云门寿星""青州根雕""青州满洲八角鼓"等。青州市共有 245 个省级文物保护项目，其中 2 项是省级非物质文化遗产，24 项是潍坊市级非物质文化遗产。然而，当前存在的问题是相关法律和制度的不完善，再加上民众的保护意识薄弱，加强保护工作已成为当务之急。

一、非物质文化遗产传承与保护存在的问题

（1）在青州，非物质文化遗产的传承和保护水平相对较低，一些地区的进展有限。而距离市区和"非遗"景点较远的村民对非物质文化遗产了解更少。

（2）缺乏用于非物质文化遗产保护的专门资金。青州市拥有众多的"非遗"项目，但在一定程度上都面临资金不足的问题，这严重影响了保护工作的顺利进行。

（3）非物质文化遗产保护团队面临严重的人才短缺问题。当前的文物保护人员，数量和质量均较低，难以胜任保护工作的重任。此外，若到偶园街和东关街考察，不难发现参与演出和传承的工作人员非常有限，导致许多游客对这门艺术一无所知。

（4）非物质文化遗产与旅游业的融合程度不高。青州相关部门已经开始将"非遗"保护与旅游业结合，但仍存在许多问题需要解决。首先，交通不便利，许多地方没有直达公共交通工具，游客需要自行租车或自驾前往。其次，景区中的道路标识不清晰，容易使游客迷失方向。此外，景区员工的服

务态度也需要改进。

二、传承与保护的建议

第一，国家相关部门应采取切实的措施，促进非物质文化遗产的有效保护。这不仅是一个系统工程，也是文化建设的重要基础。同时，需要建立有效的工作体系，定期研讨相关重要事项，以实现共同推动工作的目标。加强对文物的宣传，形成全民参与的局面。增加对非物质文化遗产的政策扶持和经费投资，对传承人和接班人提供相应的支持和补助。积极拓展其他保护途径，始终坚持"政府主导、社会参与"的原则，充分发挥民间艺人和相关民间机构的积极性，并指导、鼓励社会各界利用自身力量来保护和传承非物质文化遗产。

第二，将传统文化融入文化遗产的开发中。青州市"非遗"保护与旅游开发应紧密合作，实现共赢。加强"非遗"保护工作，促进古城建设、范公亭公园建设和井塘古村建设。例如，可以在健河镇赤涧村将这些元素融合在一起，形成了独具特色的"非遗"文化项目。

第三，理性开发非物质文化遗产。设立"非遗展"主题馆，集中展示和推广非物质文化遗产，并对社会公众特别是年轻人进行宣传和教育。

第四，增强公众对非物质文化遗产的认知，将保护融入人们的日常生活中。在信息社会和网络社会中，充分利用媒体、网络和各种宣传工具，加大对非物质文化遗产的教育力度，提高人民群众对非物质文化遗产的认识和保护意识。将非物质文化遗产的保护与城市文化建设和旅游发展相结合，使其逐渐融入人民群众的生活，展现青州市独特的人文风采。

第五，开展各种形式的交流活动。同时，可以通过国家补助等方式，支持"非遗"传承人进行表演活动。此外，在社区组织一些类似于"曲艺""茶馆"等活动，将非物质文化遗产融入人们的日常生活，丰富人们的生活体验。

第二节 杨家埠木版年画的传承发展

木版年画是中国古代民间美术的一门艺术形式。它起源于宋朝，发展于明清时期，并在中国各地形成了独具特色的艺术风格。目前，中国有三大民间版画流派，每个流派都有其独特之处。其中，天津的"杨柳青"版画以其精致柔美而著名；苏州的"桃花坞"版画则展现了精致秀美的风格；而山东潍坊的"杨家埠"版画则以其粗犷、古朴和大气的特点独树一帜。

一、杨家埠木版年画的发展

潍坊杨家埠的木版年画经历了多个发展阶段。在清代乾隆年间，木版年画商店开始在全国范围内大量涌现，并迅速发展起来。到了清代的咸丰和光绪年间，杨家埠木版年画达到了鼎盛时期，以"画店百家，年画千种，画版数万"的繁荣局面闻名。其中最大的一家画店是东大顺，拥有300多个画版，每年能绘制数百万张年画。然而，在1966—1977年间，这一传统艺术遭受了重大破坏。改革开放后，木版年画焕发新生，声誉比以前更加显赫，但规模已不如过去那么庞大。

自1979年起，相关部门得到上级领导和潍坊市政府的高度关注，积极开展了保护和开发杨家埠木版年画的工作。他们抢救性地保存了年画的成品和原画复制品，并收集整理了大量民间文献，编印出《杨家埠木版年画原本选编》等专著。同时，在1980年的春节期间，杨家埠与天津的"杨柳青"和苏州的"桃花坞"共同举办展览，旨在促进木版年画的传承与创新，为其发展做出贡献。

进入21世纪，木版年画面临新的考验。根据调查，目前潍坊杨家埠的木版年画市场并不乐观，因为人们的审美观念和价值观念随着时代变化而变化，这一传统艺术形式逐渐式微，仅在少数地方推动旅游产业发展。随着木版年画传承者日益减少，其影响力也逐渐减弱。因此，有必要适当保护和传承潍坊杨家埠的木版年画，为民间美术的发展开辟新的道路。

二、木版年画制作过程

从相关资料来看，木版年画的生产方式主要包括绘画、雕刻、印刷、装裱等多个环节。每一个步骤都要求极高的精准度，对每个步骤都有严格的要求。

首先，使用柳条、木炭和香灰进行绘画，即所谓的"朽稿"。然后使用最好的柳条将这些线条黏合在一起，接着进行雕刻。木版年画有正面和背面两种，正面用于雕刻，背面用于印刷。雕刻需要先有大致的轮廓，然后使用小刀反复打磨，稍有差池就可能破坏整个雕刻作品。

接下来是印刷过程。木版年画不是逐张印刷，而是采用单色印刷，最少需要三种不同的色彩，最多可能有七八种。印刷时，首先固定好年画一组，包含 100 多页，然后逐页对应印刷每一色。在印刷过程中，工人们会仔细检查是否存在错误，如果发现错误，会轻轻用锤子进行调整。如果一组年画印刷不完整，一些字印刷不够清晰，就需要进行修正和补色。最后，将年画晾干，这样才算完成。晾干后，可以用画框进行装饰，形成一种艺术形式，即"木版年画"。

三、木版年画的销售环境分析

木刻画是一门拥有悠久历史的古代雕塑艺术。随着国家经济的稳步快速发展以及城乡居民收入的显著提升，传统木版年画的内容和使用方式已经不能满足现代人们的生活需求。然而，随着时间的推移，其使用价值逐渐减少，而收藏价值、艺术价值和学术价值却不断提高，呈现出由大众化向小众化的发展趋势。自 20 世纪 80 年代以来，我国许多知名美术馆和博物馆都收藏了大量木版年画，其中大部分已成为具备鉴赏价值和历史价值的艺术品。然而，作为一种商品，它已从过去的流行商品逐渐转变为具有高度学术价值的手工艺品。

通过对我国木版年画市场的调查，可发现其市场前景并不乐观。通过对潍坊杨家埠木版画市场现状的分析，发现目前木版画市场规模尚未形成，大多数经营者为零星个体经营，数量和品种都相对较少。因此，个人手工艺的传承受到了很大的影响，年轻的手工艺传承者较少，多为年逾六十的老年人。因此，木版年画的传承与其市场销售情况密切相关。目前，随着国家政策和形势的导向，杨家埠木版年画的技术和艺术价值正逐步面向现实、市场发展。然而，根据调查，它在潍坊的产品形态相对单一，在市场上销量很低，只有一些相对偏远的地方，人们还会购买。

在国内，国家对非物质文化遗产的保护和扶持政策以及改革发展思想为木版年画指明了新的方向，杨家埠年画也面临着自身的发展方向。这将更好地满足当代人们的生活需求和审美需求，激发购买欲望，促进中国传统美术的发展。

调查显示有许多外国人来到这里，对木版年画的发展和制作工艺进行了了解，但到目前为止，在国外这方面还相对空白。这是一个机会，也是传播中国传统美术的机会，我们可以在海外建立像唐人街一样的文化圈，以更好地推广木版年画，吸引外国朋友前来购买。

自改革开放以来，人民的物质生活逐步得到满足的同时，更多人开始注重生活品位和质量，并持续追求更高的精神诉求。因此，木版年画以其独特的质量和艺术形态受到人们的欢迎。未来，木版年画的发展方向应该是少量而精致的制作，通过大量销售和小规模销售相结合，以及开拓小众市场。

四、传承人的生活现状

杨家埠木版年画是中国三大最著名的民俗年画之一，已经有五六百年的历史。在明朝隆庆二年（公元 1568 年）后，由杨家埠的年画艺术家们创办了"恒顺""同顺堂""万曾城""天和永"四家年画店铺。清朝乾隆时期，杨家埠木版年画开始繁荣，并在嘉庆时期达到巅峰。当时有 100 多家画店和 1000 多种画种，杨家埠木版年画曾风靡半个中国。

与曾经繁荣一时的杨家埠木版年画相比，现在的状况可以说是"没落"。

随着时代的发展、技术的进步和新观念的涌现，更多的非物质文化遗产，如杨家埠木刻年画，已经被遗忘在历史的尘埃中。

第一，在环境方面，木版年画的发展基本上集中在乡村地区，创作条件和设备相对较差。

第二，在经费方面，没有明确的规定，也没有对传承人进行任何形式的经济补助，只有传承人所在村子每月发放的薪水。

第三，在资源方面，由于缺乏某些必要设施，可能会出现积极性降低等负面情绪以及经济状况不足的问题，这无疑对木版年画的发展产生了制约作用。

第四，在人员方面，随着上一代"非遗"传承人年龄的增长，没有新的接班人，传承这门手艺的人越来越少。

另外，尽管"非遗"传承人在他人眼里被视为高级的存在，但他们的生活并不像我们想象得那样舒适和富裕。

首先，在经济方面，他们没有得到国家的补助。早在童年时期，他们就已不再是传家宝，而是为了补贴家庭经济而从事"非遗"传承工作。

其次，对于在杨家埠风景区工作的传承人来说，每天需要工作8小时，月薪只有1200元，用于为游客雕刻和拓片。

此外，在午休期间，如果有大量团体来参观，他们必须进行一场"表演"。从20世纪90年代开始，他们的加班费一直是每小时5元，直到21世纪，尽管经济快速发展，他们的加班工资仍然是每小时5元。

最后，由于每位传承者都是由各自的队伍提供的，他们只需了解年画的制作过程，而没有任何额外的奖金激励，因此自然失去了工作的热情。

五、木版年画发展艰难境况

（一）新旧文化冲突

当今社会，随着时代的进步，时尚风潮已经席卷了每个角落，新事物和新文化不断涌现，与传统文化发生碰撞。以杨家埠木版年画传承为例，思想观念的差异导致新旧两代之间文化转换的困难。同时，老一辈的艺术家们已经年迈，尽管他们拥有丰富的经验，却缺乏足够的精力从事这一行业。此外，许多年轻人对木版年画并不感兴趣，即使是年画艺术家的子女，也很少继承父母的手艺。这使得许多手艺面临失传的风险。

（二）市场销量极度萎缩

年画的生产和销售面临着极大的限制。喜欢年画的人群已经从普通家庭转向了收藏家和游客，导致年画的销售范围越来越小，销量明显减少，并呈现出小众化的趋势。随着大多数乡村居民生活条件的改善和变化，农户不再将房屋装饰成流行的风格，这在一定程度上导致年画失去了过去巨大的市场。它已经从普通百姓的日常用品转变为少数人的收藏品。由于销量下降，年画的印刷只在农闲时期或旅游时进行。

六、保护杨家埠木版年画的措施

冯骥才老先生曾经说过："曾经代表我们民族生存的东西已经黯然消失……无数的民间老艺人在无声无息地逝去。作为文化的携带者，他们的走，是一种中国民间艺术的断绝。"

（一）给杨家埠的建议

1.规范生产，注入创新元素

在当代，随着人民生活水平的提高，木版年画不再仅仅是简单的装饰品，其收藏价值也得到了发掘。与此相应的是，年画的消费者群体逐渐从乡村转移到城镇。在这种情况下，杨家埠的年画艺术家需要适应市场需求，调整自己的创作方式。根据市场调查，尽管年画的价格有所不同，但这种差异更多体现在装潢和包装上，而非画作本身。为了创新，可以将油光纸改为宣纸，对传统的木版年画进行手工彩绘等。只有这样，木版年画才能有更多的变化和更好的发展。

2.培养接班人

目前从事木版年画制作的多为五六十岁的老艺术家，缺乏年轻的继承人，杨家埠的年画技艺可能会因此消失。制作年画的学习过程，从勾描到刻版再到印刷，大约需要一两年的时间。由于制作年画需要日复一日的重复劳动，并且雕刻也是一项体力活，导致很少有人愿意从事这个行业。从现状来看，师徒传承关系并不理想。可以考虑从学校中招募一些年轻人，集中进行年画的培训，以培养更多的接班人。

3.加大推广力度

只有让更多的人了解和认识木版年画，才会有更多有见识的人前来研究，才能更好地传承下去。目前，大多数人对木版年画的制作过程知之甚少，很少有人去关注。为了提高年画的普及度，可以以木版年画为主题，在各地开展公益讲座。

（二）给当地政府的建议

1.构建独特的保护理念

在保护非物质文化遗产方面，政府不能将其仅仅视为一种政绩的追求，应将杨家埠木版年画的保护置于可持续发展和和谐社会建设的大背景下，将其作为一个整体考虑，并将其视为具有现实意义的文化遗产，采取相应的保护措施，从而形成有针对性的保护理念。

2.完善协作机制

地方政府应积极配合杨家埠，给予其更大的展示空间，提高其知名度。地方政府应承担起保护和传承"杨家埠"的责任，并可以在社会和国际范围内寻求"杨家埠"的传承者。

3.健全保障机制

作为一种文化资源，杨家埠木版年画在传承和发展过程中非常脆弱。在经济全球化、市场化和都市化等多种因素的影响和冲击下，杨家埠的木版年画正面临灭绝的危险。应积极调动社会力量，开展杨家埠的保护和开发工作，并在此基础上，对其进行多层次、多元化的文化生态保护，以促进其发展。

　　国家应在政策和资金上对杨家埠年画的发展和传承给予支持。同时，还应继续为民间营造良好的氛围，激发他们参与文化自我建设和修复的热情，构建一个丰富多彩、和谐发展、良性互动的文化生态，为实现中华民族的文化复兴，维护全人类的文化多样性作出贡献。

第三节　博山山头陶瓷琉璃文化的保护与传承

淄博是中国北部地区的一个重要陶瓷生产基地。自明清以来，山头镇一直是博山陶瓷的主要制作地，有着众多民间窑址。至今，仍然存在许多古代陶器的窑址，这些窑址是陶琉文化的重要组成部分，具有极高的文化价值。地方企业与陶瓷、琉璃工艺密切相关，也是陶瓷和琉璃文化的重要载体。同时，当地的手工艺者将其视为传统工艺，致力于保护和传承当地的陶瓷和琉璃文化。

山头镇被誉为"陶瓷之乡"，是博山区的一个古老陶琉镇。淄博陶瓷厂位于国内最大的玻璃瓷批发市场——博山玻璃瓷大观园。陶琉文化拥有悠久的历史，其起源可以追溯到宋代，已经有上千年的历史。清代是山头镇制陶工业的鼎盛时期。目前，山头镇许多古窑已停产，但这些古窑却是山头镇陶琉文化兴衰的缩影，也是陶琉文化中最重要的组成部分。然而，随着时代的发展和技术的进步，我国古代窑炉遭受了严重破坏，对其传统文化的保护面临着严峻挑战。从山头镇目前的情况来看，在经济建设、文化保护和传承等方面，仍存在许多亟待解决的矛盾。

一、陶瓷琉璃文化现状与问题分析

（一）古窑

古窑是山头镇陶琉文化最主要的载体，也是历史上最辉煌的一段历史。在晚清时期，古窑村还拥有 141 个"馒头窑"，然而随着"馒头窑"生产技术的淘汰，许多窑址被遗弃并拆毁，目前仅剩下 20 个"馒头窑"。山头镇的古窑址和窑址分布等详细资料如表 6—1 所示。

表6—1　古窑位置及现存情况

序号	位置	现存情况
1	山头南沟街 33 号院内	修南沟街折半
2	山头南沟街山陶宿舍院内	比较完整
3	山头南沟街山陶宿舍院内	比较完整
4	山头南沟街 53 号附近	比较完整
5	东坡村	比较完整
6	冯八峪村	比较完整
7	河北东村鱼坠厂	比较完整
8	河南东村	比较完整
9	山头南沟街 29 号	比较完整
10	山头南沟街 31 号	残缺严重
11	山头南沟街	残缺
12	河北东村	比较完整
13	山头东家池 72 号	残缺
14	窑广村陶瓷厂	比较完整
15	窑广村陶瓷厂	比较完整
16	窑广大街 56 号	比较完整
17	南神头村南岭	比较完整
18	河北东村院内	比较完整

　　从数据来看，该地现存的古窑具有以下总体特征：第一，现存的古窑数量较少且分布分散，大多仅在中国的古窑村中保存，而其他地区几乎已经全部拆除。第二，古窑洞和古民居的保护工作仍然薄弱，整体上存在着良莠不齐的问题，令人担忧。目前，仅有少数历史遗迹被列为市级重点文化遗产，而许多其他未被列入名录的历史遗迹显然没有得到有效的保护。第三，古窑洞和古村落的融合较好，陶器的副产品被应用于地方建筑中，形成了一座具有鲜明历史特色的明清古建筑。与此同时，一些民宅中仍然保留着陶艺作坊，一些传统的手工技艺也得到了良好的传承。

目前，我国现存的古窑洞保护状况并不理想，其原因主要有两方面：首先，由于社会经济发展和村庄改造等原因，大量的古窑洞被拆毁；目前，只有中国古窑村得到了保护，还有许多分散的、鲜为人知的窑洞面临着被拆除的危险。其次，许多古窑没有得到有效的保护和维护。由于村民们不断迁离，更多的古窑失去了保护和清理的工作。

（二）制陶制琉业

博山地区拥有悠久的陶瓷生产历史。据史书记载，早在宋朝时期就有陶器和琉璃的生产。然而到了元代，由于战争等原因，本地的陶器和琉璃生产并未得到很大的发展。直到明代至清代的 400 多年时间里，该地区的陶器和琉璃工业才达到了前所未有的繁荣。

近代以来，从 1840 年到中华人民共和国成立前的博山，尽管经历了战火洗礼，但博山的陶艺事业并未取得较大的发展。直到 1949 年后，地方的陶瓷和琉璃工艺才有了长足的进步。当地某美陶瓷器公司，于 2000 年重组后专注于强化瓷、白瓷、炬瓷、骨瓷等产品的制造。该公司的产品已经出口到欧洲、亚洲和中东地区，并受到广大用户的一致好评。同时，该公司还拥有多个手工作坊。

随着环境保护工作的不断深入，一些陶艺小作坊也开始关闭。以当地某美陶瓷器公司例，根据实际情况对该地区的陶瓷厂的生产、销售状况进行了分析。其次，传统的手工技艺和机械化的发展并不矛盾。此外，厂房年久失修，需要进行改造。最后，每家商家都有自己的生产和销售方式，这在某种程度上也说明了本地区手工制品的保留情况。

二、提升陶琉文化保护和传承的建议

（一）传承保护博山陶琉文化的优势

岳海燕、余明湖等人在《博山区山头镇："五大优势"助力陶琉古镇创建》一文中指出，山头镇具有独特的优势，对于陶琉文化的保护和传承起着重要作用。首先，山头镇拥有"鲁中风景长廊"、樵岭前风景区等国家级风景名胜区，这里风光秀美，自然资源丰富，同时还拥有陶琉文化，人与自然资源的结合为陶琉文化的推广提供了无限的想象空间。

其次，山头镇拥有工业集群的优势。该地区拥有 5 个"淄博陶瓷现代国窑"区域品牌的冠名权，是国内 5 个最大的陶瓷生产基地之一。博山大观园还是国内最大的一批瓷器和玻璃产品的集散地。这为陶琉行业的发展树立了良好的声誉，并形成了自己独特的陶琉文化品牌和知名度。

最后，山头镇拥有得天独厚的人力资源。该地区现有的人才资源，为山头镇的陶琉文化赢得了声誉，并为制陶制琉业提供了雄厚的人力资本，为其发展提供了有力保障。

（二）传承保护博山陶琉文化的对策

1.村镇建设

山头镇的主要经济支柱是制陶、硫黄工业、水力发电和泵业。随着经济的发展，许多古窑与地方的经济政策逐渐脱节。因此，大规模的拆迁和建设难以避免，这对古窑洞的保护状况带来了担忧。山头镇拥有大量的文化遗产和相对完整的古村落，文化开发是其重要优势。地方经济建设应与乡镇陶琉文化相结合，充分挖掘其开发利用和旅游业的潜力，同时要注意把握好陶琉文化发展的方向和空间。

首先，需要在本地大力推广陶琉文化，并加强基层建设，让本地居民树立起对自身文化的自信，改变对传统文化的冷漠态度。在进行更多宣传的同时，号召当地居民有意识地维护古窑和本地的陶琉文化，并在居民生活、经济建设和传统陶琉文化之间找到平衡，走出一条可持续发展的道路。

其次，政府机关应充分发掘陶琉文化，制定适宜的发展和建设计划，并将相关的文物保护政策付诸实施，使本地的陶琉文化焕发新生。

最后，将地方陶瓷业的发展与地方乡村建设相结合，利用陶瓷业的发展推动地方乡村的进步。然而，在当前严峻的环境保护形势下，如何对制陶行业进行整改、管理其发展是一个迫切需要解决的问题。积极寻求制陶制琉业与环境问题之间的平衡点，通过发展制陶制琉业，提高当地陶琉文化的知名度，以实现对陶琉文化的保护和传承。

2.旅游开发规划

山头镇拥有丰富的自然资源，具备发展旅游业的天然优势，而陶琉文化又是其独特的文化特色。通过自然景观和人文景观的交融，山头镇可以吸引更多游客，挖掘旅游文化。在充分开发旅游资源的前提下，还可以优化整体产业结构，既推动经济发展，又保持本地传统陶琉文化，可谓一举两得。

目前，山头镇为进一步发掘陶琉的历史文化底蕴，弘扬古窑文化和匠人精神，抓住淄博市创建"世界文化名城"的重要机遇，对现有的古村落和陶琉工业集群进行整合，创建了一个历史文化旅游项目——中国（博山）陶琉古镇文化旅游项目，集餐饮、文化、休憩、娱乐于一体。山头镇被列入《山东省人民政府关于下达2017年省重点项目名单的通知》，成为中国（博山）陶琉古镇保护与发展工程和十大重点工程之一。

在制定相关政策的同时，如何有效开发和整合这些资源是一个值得思考的问题。

首先，要保护和利用古代窑洞资源。山头古窑洞分布分散，许多窑洞已严重破损，缺乏相应的保护措施。应修缮古窑洞，进行合理规划和调整，建立独特的古窑博物馆或古窑文化主题公园。同时，建设陶琉制作场所，增加趣味性，使游客能近距离感受陶琉文化。

其次，在宣传和推介方面，可以利用本地知名企业和商品来宣传小山陶琉古镇形象。与旅行社、知名旅游APP等建立合作关系，积极宣传当地旅游资源，吸引游客。

最后，在规划过程中，保护必须放在首位，尽可能避免大规模的拆迁和建设，防止人为破坏的再次发生。加大环保力度是当务之急。

3.手工艺的传承

古代窑炉是静态的，而手工制品则是动态的。陶瓷工艺品是陶瓷和琉璃文化中不可或缺的一部分。为了保护和传承这门手艺，可从以下几个方面入手。

首先，由于陶琉文化本身就是一种艺术，可以设立陶琉工艺品学校，借助本地的优秀人才，从基础教育的角度加强青少年对这门艺术的认知。此外，应加大对陶琉手工艺人的培训力度。运用现代化的教育方法，进行学习与创新，才能更好地激发青少年对陶琉文化手工艺的兴趣。

其次，与相关大学专业进行合作，建立实习和科研基地，形成强强联合的局面，以更好地吸引和留住人才。

最后，要建立完整的陶琉传统工艺工人队伍，为他们提供人才交流、信息交流和技术革新的平台。借助这一平台，进一步扩大陶琉工艺的影响。

第四节　燕青拳的传承和保护研究①

一、燕青拳概述

本书收录燕青拳，主要考虑其在山东地区流布之广，以供相关人员参考。

（一）燕青拳的历史源流

燕青拳在历史上有过许多别称，这些别名来自有关的资料和后人的口头传说。其中，有的同音异写，有的同形异音，尽管名称和发音有所不同，但它们都指代同一种拳法。正是这些别名，形成了燕青拳起源的多种说法。其中较为广泛传播的有达摩创拳说、紧那罗创拳说、燕青创拳说等。

据有关文献记载，沧州燕青拳法起源于山东泰安的孙通。在沧州修炼燕青拳的后人，都尊称孙通为一代宗师。孙通门下的弟子共有五个分支，其中以传承有序、名家辈出、功法高深著称的当属沧州"孙庄子"陈善一脉。按照尊孙通为一代宗师的传统，这套拳法在沧州的传承中已经流传了七代。

（二）燕青拳的风格特点

对于任何一种拳种，尤其是传统拳种，都应从身法、腿法、步法等方面进行详细分析，以更好地保持其原始特征，并将其传承下去。沧州燕青拳的学习也不例外。接下来，将从沧州燕青拳的身法、步法、腿法等方面探讨其风格特征。

据燕青拳谱记载，燕青拳共有十八套拳法，其中最关键的技巧是抓、拉、拿、打和扔。在运用时，强调"出手皆为招""出手连三招"。在这五个技巧中，要特别谈一谈打法和拿法。在燕青拳的运用中，有一句话叫做"打一不打二，打二必打三"。燕青拳中的拿法是其一大特点，也是一种独特的擒

---

① 燕青拳是一种优秀的拳种，其流传和发展一直延续至今，并且其传承人遍布全国各地，尤其集中在河北、山东、北京、上海和东北等地区。

拿手法，即所谓的"燕青七十二手"。

燕青拳的身法动作讲究"侧、转、钻、翻、吞、吐、俯、仰"，核心在于一个"活"字。沧州燕青拳大师陈凤岐因他动作的迅捷多变，令人捉摸不透，在江湖上被尊称为"小白猿"。

传统武术着重于自我防卫，要在实战中展现拳法重要价值，必须要注重手与脚的上下配合，使对手措手不及。燕青拳在战斗中的作用十分显著，强调了"摔"技巧，而"摔"技巧则以"腿"为基础。俗话说得好："手似两扇门，全凭腿赢人。"因此，燕青拳非常重视腿法的修炼。其中，"燕青十八勾"就是专门用于修炼腿法的。其腿法包括踢、挑、缠、挂等动作。

燕青拳的步法主要以斜行拗步为主，进退有据，闪避灵活，而且强调连点转搓。在古代，拳师通常比较保守，有一句话说"师父教拳不教步，教步打师父"。这说明步法在练习动作时非常重要。只有将步法与招式结合起来，才能真正修炼出高水平的拳法。

上文从沧州燕青拳的微观特征入手，对其艺术特征进行了探讨。燕青拳在宏观上也有其特点，如动作有条不紊，行云流水，姿态优雅，在移动的过程中，每一招、每一式都蕴含着极强的攻防意识，充分发挥了传统拳法的精、气、神。

二、燕青拳传承与保护的关系辨析

在对武术非物质文化遗产进行研究时，很多学者将其传承和保护看作同一条路上的两个方面。然而，关于传承和保护的关系，却鲜有学者进行深入论述。下文将着重阐述这一点，并指出这一关系对于武术非物质文化遗产的研究具有重要的指导意义。

（一）传承主体和传承内容是保护的对象

根据研究问题的需要，本文选择了沧州地区三种不同类型的燕青拳传承者进行研究，包括行政管理人员、资深教练和"非遗"传承人。其中，行政管理员有 2 名，编号为 X1—X2；高级教练有 3 名，编号分别为 G1—G3；"非遗"传承人共有 5 名，编号为 F1—F5。

武术非物质文化遗产在传承方面更注重师徒间的动态性传承。在传承过程中，以传承者为主体，传承方式和传承管理等则服务于他们。其次，只有保障传承者的利益，才能确保传承的持续进行。这与武术非物质文化遗产本身的特点密切相关。传承者和传承内容两者缺一不可，任何一项缺失都会导致保护价值的丧失。

在采访中，许多专家对武术非物质文化遗产的传承和保护问题进行了深入的讨论。例如，X1 认为"武术非物质文化遗产燕青拳的传承要坚持'以人为本'"。武术的传承需要有能力的传承者作为主体，而在保护武术非物质文化遗产时也应将传承者放在首位。没有人来继承，武术遗产就无法恢复到原有的状态。F5 也强调了"要明确传承主体和保护主体之间的关系"，这两者虽然常常放在一起讨论，但在保护武术非物质文化遗产时，首先要有传承者的参与。

F2 在采访中指出："在挖掘整理武术非物质文化遗产的过程中，经常会遇到传承内容不全面的情况。很多珍贵的武术非物质文化遗产的传承内容由于重视保护的程度不够，从而造成当前武术非物质文化遗产传承内容的遗失。燕青拳就是一个很好的例子。"他表示，要更好地传承和发展燕青拳，就必须把现有的技术内容体系列为优先保护对象。

G2 认为："在谈到传承与保护之间的关系这个问题时，应当区分两者之间的不同侧重点，与此同时把握两者之间的共性。"他进一步指出，从继承性的角度看，传承通常包括传承者、传承方式和传承内容等方面；而从保护的视角看，主要从文化遗产的主体与内容两个方面进行保护。传承方法是灵活选择的，没有一成不变的形式和原则。遗产的管理与成效与时代同步，并非我们要保护的目标。通过这种比较，可以更清楚地认识到应该保护什么，以及应该使用的保护方式。

（二）保护的重要手段之一是有效传承

在武术非物质文化遗产的保护方面，有许多研究涉及立法保护、动态保护、静态保护、数字化保护等策略。这些保护策略通常是外部辅助手段。然而，有效的传承是对自身的最好保护。如果没有进行有效的传承，将导致该非物质文化遗产的保护"断档"。

在采访中，许多专家都表达了类似的看法。例如，F3 提到："保护是建立在良好传承的基础之上，没有很好的传承再好的保护也没有用。"许多老拳手对于燕青拳这种非物质文化遗产非常重视，但对于如何进行有效的传承却并不了解。这往往导致燕青拳这一非物质文化遗产在传承和保护方面出现了本末倒置的情况。

G3 在采访中表示："传承是否有效十分重要，这是后期进行保护工作的前提。传承的有效性决定了保护工作的针对性与可靠性。因此，为了更好地保护武术非物质文化遗产燕青拳，第一步要解决燕青拳在传承上的有效性问题。"X2 认为："传承是武术非物质文化遗产传承体系的内部问题，无论是传承主体的问题，还是传承内容、传承管理等其他方面的传承问题，都是内在的传承体系需要自身解决的。"这意味着在谈论保护时，我们不能仅仅站在局外人的角度看问题。有效的传承是根本，是一种保护手段。虽然保护仍然很重要，但传承更为基本和关键。

三、燕青拳传承与保护现状分析

（一）燕青拳的传承现状分析

沧州作为中国第一个地级市"武林之乡"，其独特的区位和文化背景造就了武林文化的繁荣，例如武术拳种繁多，拥有众多武术名人，且武术文化氛围浓厚等。1983 年，全国对武学进行发掘和整理，共发现了 129 种武学器械，其中 53 种属于沧州武学器械。要了解燕青拳的传承状况，必须先对其分布特征和项目组成进行分析，从而更好地了解其传承情况。

沧州武林的兴盛与其所处的地理环境、自然环境、人文环境等因素密切相关。沧州位于河北东南部，自春秋时期开始，各大诸侯相争，战争频繁，促进了其后续的发展。沧州百姓为了自卫和求生，展开了一场大规模的武术运动。历史上，许多王朝都在幽燕国（沧州的古称）建都，而沧州作为边陲要冲,战略位置非常重要。长期以来,沧州百姓因战争而备受痛苦,为了生存,不得不投身于武术练习。

古代沧州被誉为"小梁山",人口稀少,土地贫瘠,因此成为流放罪犯和隐姓埋名之地。除了官府流放的囚犯外,还有很多为了生存而来到这里的人,他们有的改名换姓,有的出家为僧,有的成为道士。在那个特定的时代,他们往往都是身手不凡的侠士,正是由于他们在沧州逗留的时间较长,所以他们的武功才得以在沧州传扬开来。

京杭大运河穿过沧州,使其在当时交通条件匮乏的情况下成为南北通商的重要通道,因此附近地区形成了镖局的兴盛。镖局因其擅长武艺而声名远播,听说沧州自古江湖高手如云,所以"镖不喊沧"成为南北镖行普遍遵守的规矩。

在历史上,有许多人将武林与野兽联系在一起,但实际上沧州武林中有许多杰出的武林人士,且他们是正统的武林中人。在武举制度广泛推行的时代,沧州地区有 1800 多名武举。

按照武艺遗产的分类,除了第一批被列为国家级"非遗"项目——"沧州武术"外,还有 13 项武艺拓展项目成功申报,其中国家级 4 项(表6—2),省级 9 项。

表6—2　沧州武术 5 项(国家级)武术非物质文化遗产项目一览表

项目名称	级别	批次	所属类别	申报地区
沧州武术	国家	一	杂技与竞技	河北省沧州市
劈挂拳(扩展)	国家	二	传统体育、游艺与杂技	河北省
燕青拳(扩展)	国家	二	传统体育、游艺与杂技	河北省
孟村八极拳(扩展)	国家	二	传统体育、游艺与杂技	河北省
六合拳(扩展)	国家	三	传统体育、游艺与杂技	河北省

（二）燕青拳的保护现状分析

1.传承习练者对燕青拳的申遗及保护现状了解情况分析

通过向燕青拳练习群体发放调查问卷，并对收集到的资料进行了统计和分析后，得出了传承习练者对于燕青拳申遗和保护的认知情况，见表6—3和表6—4。

表6—3　燕青拳习练群体对燕青拳申遗的认知情况

选项内容	被选频次	百分比
非常了解	210	80%
一般	50	20%
不了解	0	0%
合计	260	100%

表6—4　燕青拳习练群体对燕青拳保护的认知情况

选项内容	被选频次	百分比
非常了解	41	16%
一般	219	84%
不了解	0	0%
合计	260	100%

如表6—3所示，在260名燕青拳受访者中，有210名对燕青拳申报世界遗产有较深的认识，占比为80%。另外，有50名受访者选择了"一般"，占比为20%。而"不了解"的受访者数量为0，所占比例为0%。通过上述数据分析，我们可以发现在燕青拳的受访人群中，对于申报世界自然遗产的态度以"非常了解"为主导。因此，整体而言，受访的燕青拳习练者对于燕青拳申报世界自然遗产的认知程度较高。

如表6—4所示，在燕青拳习练群体对当前保护状况的认识上，有41位受访者非常了解，占总受访者数的16%。另外，有219位受访者，认为目前的维护状况一般，占84%。选择"不了解"的人数为0，所占比例为0%。根据上述数据，我们可以得知在燕青拳练习者中，对于当前的保护状况，大部分人对其有较高程度的了解，主要集中在"非常了解"和"一般"这两个选项。因此，受访者对于燕青拳的保护状况有相对较高的认知程度。

2.传承习练者所在团体的燕青拳保护现状的统计分析

对武术非物质文化遗产进行保护的方法有很多种，而静态保护是最基本的。在对燕青拳习练群体对目前其静态保护现状的调查中，对"您所在的燕青拳习练团体是否对拳谱、传承人谱系等重要的历史文献资料进行了保护"进行了统计，得出的结论见下表6—5。

表6—5　燕青拳习练群体对目前其静态保护的情况统计

选项内容	被选频率	百分比
完全保存	0	0%
部分保存	39	15%
没有保存	221	85%
合计	260	100%

如表6—5所示，"完全保存"的比例为0%，"部分保存"的比例为15%，"没有保存"的比例为85%。从这些数据的统计中，我们可以看到，当前对于燕青拳的静态保护情况并不乐观。大部分的燕青拳练习者都没有完整地保留自己的拳谱。

无论用什么方式保护，都必须有经费的支援。在市场经济环境下，确定资金的来源和使用方式，对武术传承进行有效保护非常重要。表格6—6列出了当前燕青拳爱好者对于维护非物质文化遗产燕青拳所需经费的认识。

表6—6　燕青拳习练群体对保护燕青拳的资金来源的认知情况

选项内容	被选频率	百分比
非常充足	12	5%
一般	101	39%
十分匮乏	147	56%
合计	260	100%

从表6—6中我们可以看到，"非常充足"占5%，"一般"占39%，而"十分匮乏"的占56%。

武术非物质文化遗产的保护不能一味地去做，要有一个明确的目的、具体的保护方法。建立一个清晰的保护目标，对于保护工作有很大的指导意义。

表6—6为习练燕青拳的群体对建立保护目标的了解程度。

表6—7　习练燕青拳群体对保护燕青拳的目标确立的认知情况

选项内容	被选频率	百分比
十分明确	23	9%
较明确	131	50%
不明确	106	41%
合计	260	100%

从表6—7中可以看出，练燕青拳群体中，只有9%的人有明确的保护目的，50%的人有比较明确的保护目的，而有41%的人则没有明确的保护目的。可见，燕青拳手对于燕青拳的保护目标并没有太多的了解，大部分人都在"较明确"和"不明确"之间徘徊。

武术非物质文化遗产植根于民间，在很长一段时间里，一直处于被忽视的状态。在对武术非物质文化遗产的保护中，存在着许多令人头疼的问题，比如政府没有尽到对传承人的责任，传承人因为对传承人的权利与义务的规定模糊不清而放弃了传承与保护。这些问题并不能通过某一种方式来解决。在目前的情况下，尽管没有明确的法律法规，但法律保护仍然是非常有效的。下表6—8为燕青拳习练群体对依法保护燕青拳的认识程度。

表6—8　燕青拳习练群体对依法保护燕青拳的认知情况

选项内容	被选频率	百分比
是	0	0%
不确定	92	35%
否	168	65%
合计	260	100%

从表6—8可以看出，有35%的人"不确定"他们的团体是否依法保护了燕青拳。而65%的人表示，燕青拳这一武术传承项目并没有得到法律上的保护。从这一点上可以看出，当前我国对于燕青拳的依法保护意识仍然很弱。

要对武术非物质文化遗产进行有效的保护，就必须要有一个合理的规划，规划是指在明确的保护目的的基础上，通过规划来达到具体的实施。

下表 6—9 为习练燕青拳群体对燕青拳保护计划制定的看法。

表 6—9　习练燕青拳群体对燕青拳保护计划制定的认知情况

选项内容	被选频率	百分比
是	11	4%
不确定	69	27%
否	180	69%
合计	260	100%

从表 6—9 中可以看出，有 4% 的团体已经有了一个明确的保护方案，27% 的团体还不能肯定是否有这个方案，而 69% 的团体还没有。从这一点可以看出，绝大多数的燕青拳爱好者都没有建立起一套完整的保护体系来保护这一非物质文化遗产。

对其进行市场开发，是进行有效保护的一项重要措施。许多老拳师还停留在传统的观念上，坚持血缘、师徒相承的传统，并没有意识到对非物质文化遗产进行保护的紧迫性。然而，由于缺乏对其进行市场化经营的重视，使其面临着日益严重的困境。表 6—10 统计了习练燕青拳者对其是否需要通过市场发展来保护燕青拳的认识。

表 6—10　燕青拳习练群体对燕青拳市场开发保护的认知情况

选项内容	被选频率	百分比
是	96	37%
不确定	30	11%
否	134	52%
合计	260	100%

从表 6—10 可以看出，选择"是"的受访者占 37%，选择"不确定"的受访者占 11%，而选择"否"的受访者占 52%。由上述数据可知，超过半数的燕青拳传承者并未充分运用市场发展因素来保护燕青拳的传承。

保护对象的确定是否合理，保护方案的制定是否有效，保护方法的选择是否得当，保护的效果如何，将直接影响到保护的成效。下表 6—11 是燕青拳习练群体对其目前所在团体燕青拳保护效果的评价。

表6—11 燕青拳习练群体对其目前所在团体燕青拳保护效果的评价

选项内容	被选频率	百分比
很好	8	3%
一般	167	64%
非常差	85	33%
合计	260	100%

根据数据，有33%的人认为保护措施的有效性很低。这反映出当前我国对武术非物质文化遗产的保护效果并不理想。

（三）武术非物质文化遗产燕青拳传承与保护主要存在的问题

1.武术非物质文化遗产燕青拳传承主要存在的问题

在本研究中，对国家级非物质文化遗产——燕青拳的传承状况进行了比较分析。通过比较，我们发现燕青拳在传承过程中存在以下主要问题。

（1）传承方式

在现如今的社会背景下，燕青拳术的继承方法显得不太科学。造成这一现象的根源在于几个方面：首先，燕青拳拳师们的思想相对较为保守，他们更注重血缘传承，而忽视了师徒关系的重要性。这种传承方式可能导致优秀的技艺无法传承给非亲属后代，限制了拳术的传承范围和效果。

（2）传承效果

就燕青拳的实际情况而言，目前传承效果相对较糟糕。主要原因是燕青拳的推广与宣传不够充分，缺乏有效的网络平台宣传，现代社会信息传递的主要渠道之一就是网络。

2.燕青拳保护主要存在的问题

在向燕青拳习练群体进行调查的基础上，收集了关于其保护的资料，进而得出了关于其保护的主要问题。

（1）静态保护

燕青拳作为我国的武术非物质文化遗产，其静态保护状况并不乐观。绝大多数的燕青拳习练者并未将自己的拳法完整传承下来，只有少数人能够自创并保留自己独特的拳法。

（2）保护资金

目前，燕青拳的保护经费严重短缺，超过半数的燕青拳传承者在经费保障上表现出"十分匮乏"的状况。

（3）保护目标

习练燕青拳的群体对于燕青拳传承目标的确立认识不高，大部分人都处于"较明确"和"不明确"两种状态中。

（4）法律保护

燕青拳习练者在对非物质文化遗产进行法律保护方面的认识较低，迫切地希望借助法律的力量来进行这一保护。

（5）保护计划

燕青拳的传承者缺少对其进行保护计划的执行规划，当前对其的保护也显现出一种盲目性。

（6）市场开发

超过半数的燕青拳传承者没有充分运用市场化因素对燕青拳进行传承保护。

四、燕青拳传承与保护策略

扎根理论是一种科学研究的质化方法，它主要基于对大量数据的收集，并对各种数据进行比较和分析，从而找出数据中的核心概念。

从扎根理论的角度来看，对收集到的数据进行编目是最重要的一步。首先是一级编码，也叫开放编码，它是一种开放的态度，不带偏见地记录获取的信息。这样做的目的是为了完整地展示所得到原始资料的原貌。接下来是二级编码，也被称为相关编码，对得到的一级开放代码进行了相关分析，将其归为若干类或域，从而反映出数据与数据间的有机关系。最后是三级编码，也被称为内核类型的编码，建立在前两级编码的基础上，对二次关联编码进行深入的比较分析，并从中抽取出更具统一性的编码术语，从而在更大的层次上反映出数据与数据间的联系。

（一）燕青拳的传承策略

在对访谈数据进行处理之后，针对燕青拳的传承策略，一共获得了 50 个一级编码、5 个二级编码和 2 个三级编码。具体如表 6—12 所示。

表 6—12　燕青拳传承策略的编码

三级核心编码	二级关联编码	一级开方编码（列举）	提及人数	百分比
主导型传承策略	传承主体策略	确立传承人的主体地位,尊重传承人的主体需求,满足传承人的主体需要	8	80%
		传承人不应当是某一个人,应当设立为包含教练员、运动员、业余爱好者等的体系	6	60%
		传承人应当履行资源共享、耐心指导等义务。同时,保证传承人通过授徒及商业演出获得经济利益的权利	7	70%
		按照层次级别将传承内容分层设置,满足不同人群需要	5	50%
		破除封建保守思想,不同传承人积极进行交流,不断完善自身的传承内容	7	70%
	传承方式策略	坚持血缘传承和师徒传承为主要的传承方式	6	60%
		拓宽传承方式的渠道,积极推进与"武术六进"等活动相结合	9	90%

续表

三级核心编码	二级关联编码	一级开方编码（列举）	提及人数	百分比
辅助型传承策略	传承管理策略	引进现代科学的管理理念和思想，对传承组织进行科学管理	8	80%
		选择优秀的管理人才，并且聘请懂武术的传承者进行高效管理	4	40%
	传承效果策略	定期对传承组织的传承效果进行评价检验，及时发现问题，并作出适当调整	8	80%
		传承效果的评价指标要随着时间的推移不断进行调整和修改，以适应武术遗产不断变动的实际情况	4	40%

1.访谈结果分析

从上述表6—12中，我们可以发现，访谈者提供的传承策略主要分为两大类，即"主导型传承策略"和"辅助型传承策略"。

（1）主导型传承策略

主导型传承策略是指在传承过程中占有很大比例且具有重要影响的一种策略，对推动武术非物质文化遗产燕青拳的传承具有直接的影响。在二级关联性编码中，主要包含了传承主体、传承内容和传承方式三种策略。

传承人是武术非物质文化遗产传承的主要承载者。传承主体策略是指在传承过程中对传承人采取的战略。例如，X1在采访中提到："在传承武术非物质文化遗产燕青拳的过程中，传承人首先应当认识到政府和传承人之间的关系是主导和主体之间的关系。传承人应当树立自身的主体地位。"X2也提出了类似的观点："在传承燕青拳的过程中，政府虽然能够起到指导、组织、宣传、推广以及经济扶植等方面的作用，但是不要夸大政府的主导作用，要尊重传承人的主体需求，了解他们在实际传承燕青拳过程中遇到的问题。"除此之外，G1在采访中提到："燕青拳传承团体中的传承人应当设置为一个体系，应该明确传承人不是某一个家族或某一个个人，而应当是一个包含教练员、重要传承人、专业运动员、业余爱好者等多层次的完整体系。这样一方面可以促进燕青拳的发扬光大，另一方面也避免了由于'一枝独秀'而导致的传承危机的发生。"F3 认为："应当从权利与义务的角度辩证看待燕青拳传承人的角色。一方面，传承人应当按照规定履行资源共享、耐心指导、虚心请教等多方面的义务；另一方面，也要保证传承人通过教学收徒、商业演出等而获得经济利益的权利。这样，能够使传承人在传承武术遗产过程中不至于被生活所迫，也不至于因无市场而丧失传承武遗产的动机。"

在武术非物质文化遗产的传承过程中，最具实质性的是传承内容。传承内容策略是指根据燕青拳的具体内容而制定的战略。G3 在采访中提到："对于传承内容方面，首先应当按照层次级别，将目前流传下来的套路分层设置。这有点类似国家规定套路分类，分为初级、中级和高级等。当然也可以按照拳种的自身特点从基本功、动作组合、套路演练、实战技击等角度进行分类。之所以进行分层设置，其目的就是为了满足不同起点的习练者的不同需求，从而解决很多爱好者非常喜欢燕青拳，但是却无从下手的难题。"F1 在访谈中指出："不同传承人之间应当破除封建保守的思想，积极贡献自身传承的特色套路，加强不同传承人之间的技术交流。这样不仅使得每一个传承人通过对比发现自身传承内容的不足点和落后点，而且能够通过交流吸收其他传承人的内容以丰富自身的传承体系。"

传承方式，即以何种形式来传承武术非物质文化遗产。传承方式策略是对燕青拳这一非物质文化遗产所采取的传承方法提出的策略。F4 在采访中提到："燕青拳作为国家级武术非物质文化遗产，其目前的习练人群的传承方式大多数都是血缘传承和师徒传承。在今后的传承过程中，为了保持传承内容的原真性，仍然要坚持血缘传承和师徒传承为主。"而 X2 则谈到传承的方法："既然是保护遗产，我们各个传承人就没有必要在传承方式上囿于血缘传承和师徒传承。应当破除思想保守，鼓励跨门派传承和多渠道传承。所谓多渠道传承，很大程度上是紧跟时代发展的需求，比如国家近几年为了促进传统文化的传播，积极推进'武术六进'活动。这些都应当是燕青拳传承群体作为一个团体，应当把握住的拓宽传承方式的渠道。"

（2）辅助型传承策略

辅助型策略指的是除主导策略之外的其他调和策略，它可以间接推动武术非物质文化遗产燕青拳的传承。辅助型传承策略主要有两种类型，即：传承管理策略和传承效果策略。

在武术非物质文化遗产燕青拳的传承进程中，传承管理是不可或缺的调和剂。过去，人们在对武术非物质文化遗产进行民间传承时，常常忽略了传承管理这一要素。传承管理策略是在传承过程中，针对传承管理而制定的策略。X2 在采访中表示："燕青拳传承团体是一个组织也是一个集体。为了使组织的各个方面有效运行，应当把现代管理理论作为管理该组织的管理指导思想。如绩效管理、人力资源管理、运筹管理等，都是可供借鉴引用的理论思想。"F5 在采访中也提到："管理燕青拳传承团体的管理者不仅是武术训练的体验者及练习者，而且也应当是深知武术遗产传承面临的现状和困境并具备相应的解决问题的理论措施的人才。因此，追求'文武全才'不仅是过去的人才培养的价值诉求，为了更好地传承和管理武术文化遗产，它仍然是当今的人才培养目标。"

传承效果，是对传承过程的一种检验。传承效果策略是指为实现预期传承效果而制定的一系列战略。G3 在访谈中指出："武术非物质文化遗产作为我国特殊历史背景和文化熏陶下的产物，既有与其他非物质文化遗产相关方面的共性，同时也有其自身的特殊性。"这给传承过程带来了很大的困难。在这些问题中，最显著的表现是武术非物质文化遗产所包含的诸多方面内容难以量化。例如，武术传承的技术流变、创新演化等。因此，如何评估传承效果是一个非常困难的问题。目前，对传承效果的评估，仅有的一条路可走，即定量和定性并重。同时，武术遗产的传承也是一个动态的过程。因此，燕青拳的传承群体必须要定期检查各传承人的传承效果，所选取的评估指标应根据时代发展的需要，随时作出修正与调整，使之符合武术遗产动态变化的实际情况。

（二）燕青拳的保护策略

在对采访数据进行处理后，得到了一级编码 60 条、二级编码 6 条、三级编码 2 条。具体如表 6—13 所示。

表 6—13 燕青拳保护策略的编码

三级核心编码	二级关联编码	一级开方编码（列举）	提及人数	百分比
自我保护	继承保护	破除门户之见，传承老拳师遗留下来的特色套路	9	90%
		组织传承人小组，挖掘整理燕青拳套路及功法	8	80%
		对现存传承人演练的燕青拳套路录制视频存档	9	90%
	创新保护	要适应时代发展潮流，与时俱进	6	60%
		改变原有的不科学的训练方法，进行燕青拳技术革新	4	40%
		传统与创新相结合，不要抱残守缺	5	50%
外在保护	政府保护	政府要加大资金支持，为燕青拳的保护提供资金支持	7	70%
		政府应给予燕青拳传承人相应引导，发挥政府的主导作用	6	60%
		政府因积极推进燕青拳保护与"全民健身""武术六进"等规划任务相结合	8	80%
	法律保护	依法确立燕青拳传承人在保护燕青拳武术非物质文化遗产过程中的主体地位	6	60%
		充分利用知识产权法提供相应保护	4	40%
		完善武术非物质文化遗产相应的法律法规	5	50%

续表

三级核心编码	二级关联编码	一级开方编码（列举）	提及人数	百分比
外在保护	市场保护	积极推进燕青拳武术非物质文化遗产与市场对接	7	70%
		破除保守思想，促进燕青拳武术非物质文化遗产的市场推广	8	80%
		通过市场的作用使燕青拳传承人获得相应的经济收益，为燕青拳的保护和传承提供动力	4	40%
	宣传推广保护	在校园中积极宣传和推广燕青拳，使得燕青拳的保护与中小学武术课紧密结合	7	70%
		拓宽燕青拳的保护渠道，促进多元化宣传推广	9	90%
		燕青拳代表性传承人积极去各大体育院校武术系进行宣讲推广，使更多的武术专业运动员了解和认识燕青拳	4	40%

1.访谈结果分析

通过对上述数据的分析我们可以看出，从宏观角度来看，有关武术非物质文化遗产燕青拳的保护措施可以分为两个核心代码，即自我保护和外在保护。

（1）自我保护

自我保护就是站在燕青拳自身的角度谈论保护策略。从二级关联性编码角度来看，该方法包含了两部分内容。一种是继承类保护措施。例如，X1在谈及燕青拳的保护策略时说道："燕青拳虽然是国家级武术非物质文化遗产，但是与其他的三个同级别项目相比，更处于濒危状态。因为习练人群较少，再加上国家级传承人的逝世，所以，保护燕青拳的第一步就要挖掘整理现存于沧州民间的燕青拳代表性套路，在此基础上继承先贤遗留下来的珍贵套路，这是最重要的保护措施。"在对燕青拳的保护策略谈及时，G2 表示，"燕青拳作为国家级武术非物质文化遗产，保护传承人很重要。因为武术遗产的传承主要是动态传承，一旦重要传承人逝世，会使得燕青拳的保护更进一步的困难。因此，要召集现存燕青拳的传承人，对其继承的燕青拳套路进行视频录制存档。这种视频记录是一种很好的保护措施。"

另一个重要的自我保护策略是对创造性的保护。例如，X2 谈及燕青拳的保护策略时说："保护并不意味着抱残守缺，很多传统的训练方法已经不适应时代潮流。所以，要革新燕青拳的训练方法，将其建立在科学训练的基础之上，与现代武术科学运动的主流相对接。这样才能使得燕青拳的传承与保护做到与时俱进，传统与现代完美结合。"F2 在采访中说："要想更好地保护燕青拳武术非物质文化遗产这种传统武术项目，首先要有传承和保护的人群。由于类似这种传统项目无法引起现代年轻人的习练兴趣，所以传承和保护的人群越来越少。解决这个难题和困境的至关重要的一步就是创新。但是，创新要在保持燕青拳拳种风格特色的前提下进行。具体怎么去创新，这应该是现存燕青拳传承人积极思考的问题。"

（2）外在保护

所谓外在保护，指的是燕青拳自身之外的保护策略。从采访中可以了解到，外部保护包括政府保护、法律保护、市场保护和宣传保护。

政府保护指的是政府对燕青拳的保护。F2 表示："政府在保护武术非物质文化燕青拳的过程中起主导作用。政府的主导作用体现在很多方面，除了一些必要的宣传引导以外，最重要的就是给予发展的机会和资金支持。在社会主义市场经济的大背景下，任何项目的保护和发展都离不开资金的支持，没有资金一切都是空谈。因此，为了更好地保护武术非物质文化遗产燕青拳，政府应当给予必要的资金支持。"G3 在采访中也提到："政府在积极落实'全民健身''武术六进'等项目时，要考虑促进这些项目与保护燕青拳发展的紧密结合。"

法律保护即运用法律武器，为燕青拳提供强有力的法律保障。F1 表示："目前，在法律的范畴内能和保护武术非物质文化遗产有紧密联系的就是知识产权保护法。要把保护燕青拳提高到保护知识产权的层面。"X2 在访谈中也有类似的表述，"要完善保护武术非物质文化遗产相应的法律法规，确立燕青拳传承人的主体地位，使其在保护燕青拳的过程中行使相应的权利，同时履行对应的义务。"

市场保护就是将非物质文化遗产与市场进行密切联系，使其在市场上有自己的一席之地，从而推动非物质文化遗产的保护与发展。X1 提出："要想更好地保护武术非物质文化遗产燕青拳，就要积极推进燕青拳的市场开发利用。"G1 在接受采访时也表示："市场是检验一个项目是否得以生存的重要指标，没有市场的项目，无论怎么努力去保护都是无济于事的。因此，要注重武术非物质文化遗产燕青拳的市场开发利用。在此过程中，使燕青拳传承人获得相应的经济收益，为他们在今后燕青拳传承与保护的道路上提供动力支持。"

在对专家的采访过程中不难发现，宣传推广类的保护最多。重点有两种，一种是在中小学校园内的宣传，还有一种是在各个体育学院的武术系内的宣传。例如，F5 在采访中提到："武术进校园是国家层面推广武术的重要指示，保护燕青拳要积极融入这个重要活动中。可以先在沧州市内各大中小学进行试点，将燕青拳训练体系中的基础套路融入到中小学武术课程的内容中。"F2 在采访中表示："燕青拳重要传承人的使命不仅仅是教学，宣讲和推广更为重要。"造成当前燕青拳练习者数量偏低的主要原因之一，就是许多武术运动员和教练对燕青拳知之甚少。为此，燕青拳的传承者应定期到各地体育学院的武术系进行专题讲座，让更多的武术爱好者和职业选手对燕青拳有更深刻的认识。

第七章　山东省非物质文化遗产保护传播成果展示

　　山东省非物质文化遗产的保护与传播取得了令人瞩目的成果，展示了丰富的文化遗产和传统技艺。这些传统的非物质文化元素不仅见证了山东悠久的历史和独特的地域文化，也展示了人们对于文化传承的执着和努力。本章将展示山东省"非遗"保护传播的成果，以突显其对于文化多样性的贡献和社会发展的推动作用。

第一节　鲁东地区的非物质文化遗产保护传播成果展示

一、潍坊杨家埠民俗艺术保护

（一）规整历史档案，抢救文化遗产

对杨家埠年画在历史上出现的世代巨匠名人进行逐一排名、发掘整理。从明代杨家埠年画的创始人杨伯达，一直到国家级非物质文化遗产项目传承人杨洛书共 24 人（其中明代 6 人、清代 12 人、民国至今 6 人），将他们在历史上的骄人艺术特色，不朽的艺术业绩，整理成文，建立档案，传承下去。对杨家埠年画衍生的唱卖艺术等进行系统地挖掘，整理相关历史资料，形成文字档案，并上报申请市、省级非物质文化遗产。

（二）坚持核心技艺，打造教学网络

建设国家级非物质文化遗产生产性保护示范基地，以年画、风筝为核心，努力提升展示版块，形成四大亮点。在"活"字上下功夫。分别以"遗产揽胜""民俗奇观""民艺古风""艺苑百花"进一步提升紧扣年画、风筝这两大主题，突出特色，提高品位档次，在知识性、趣味性、互动性上做文章，克服了景区静止的东西过多的弊端，在现场演绎，实地展示，参与互动上花力气，以动带静，动静互补，拉动了景区活力，千方百计招揽游客，进而做活做大杨家埠"非遗"文化保护传承这篇文章。

在建设国家级非物质文化遗产生产性保护示范基地时，应注重非物质文化遗产传承机制的完善，重点改造提升"两点四苑一中心"。所谓两点：一是恢复明代年画作坊"恒顺画店"，原汁原味地和盘托出明代古作坊的本来面貌。让游客有"时光倒流，如回当年"的感受。二是重新挂起清代乾隆年间震惊朝野后又影响 230 十余载的历史名匾："司马伦昇"。进而提升"吉兴画店"的文化品味。此两处知名景点都与清代潍县历史典故进行对接与挂

靠。这样不仅提升景点档次，还可以大大增加其历史性和趣味性。所谓"四苑"，即打造开放杨家埠年画、风筝、剪纸、面塑四个"民间工艺修学苑"。进而强化了基地示范功能，与游客开通"零距离"参与、互动渠道。增加了广大游客对杨家埠传统民间工艺品的示范、修学、引导、实习、操作机会。所谓"一中心"，即对风筝年画国家级非物质文化遗产市级以上传承人设立了"传习中心"，定期交流，举办讲座，进而提升景区的知识性传播力，充分发挥了基地传承示范和引导作用，加大了对游客的吸引力和影响力，形成了杨家埠特色文化名牌经典。

同时，潍坊杨家埠民俗艺术的保护还应注重开通示范渠道，打造教学网络。国家级非物质文化遗产生产性保护示范基地应以优惠的政策积极主动地开通了与中、小学校及幼儿园的直通渠道，对学前儿童及中、小学生进行面对面的"非遗"知识传播及民俗文化教育。

（三）优化衍生艺术，打造品牌效应

为实现潍坊杨家埠民俗艺术传承与保护，当地政府努力挖掘传统艺术。围绕"年画、风筝"，将杨家埠的传统历史典故经过加工整理、提升，进行实景演绎，进一步促进了杨家埠"非遗"文化的拓展及延伸。开发如"二鬼摔跤""天女散花""门神舞"等类型的民俗荟萃巡演，为杨家埠文化的传承增添特色，并扩大杨家埠文化的知名度。

二、高密红高粱民间文化艺术

（一）保护情况

高密市姜庄镇是独具特色的高密民间艺术"三绝"（剪纸、扑灰年画、泥塑）的发源地，是高密市重要的民间艺术基地，扑灰年画、半印半画年画、木版年画、聂家庄泥塑、剪纸、木版雕刻等民间艺术种类繁多，是名副其实的民间艺术之乡。

当地镇政府对常年从事民间艺术制作，以民间艺术为生的重点技艺传承人进行了登记造册，建立档案，并给予重点扶持帮助。

1.不定期召开座谈会，在建设民间艺术生产基地、民间艺术市场时，诚恳地征求大家的意见，从而得到全面支持。

2.组织部分代表性传承人外出参加一些民间艺术方面的学术研讨会、交流会、展销会、年会，以提高他们的艺术素质和技艺水平。

3.外地邀请的民间艺术活动，优先安排传承人外出参加，为传承人展销作品、交流技艺，开阔艺术视野，增长知识提供机会。

4.如在本地举办民间艺术节期间，对民间艺人一律免收摊位费用，并对省以上非物质文化遗产传承人增加摊位，免费安排徒弟参加，实行免费午餐。

为进一步挖掘民间艺术潜力，弘扬民族优秀文化，促进民间工艺品生产更上档次，当地镇党委、政府一直高度重视，在政策、资金等方面予以积极扶持。

聂家庄泥塑制作几百年来存在一个无法改变的问题，就是一般只能春天制坯，秋冬季上色，夏天则由于气温太高无法生产，这远远不能适应客户要求，不利扩大生产。为彻底解决这个问题，当地镇党委政府专门为"非遗"传承人拨付经费3万元，用以研究解决办法，通过上百次不间断的反复试验，终于找到了解决问题的办法，彻底改变了聂家庄泥塑几百年来只能在秋冬季生产制作的习惯，创新了聂家庄泥塑变季节性生产为全年不间断地生产制作模式。

图7—1　聂家庄泥塑作品

（二）保护措施

1.加强传承人队伍建设

针对目前民族民间艺术队伍后继乏人的现状，特别是对确属具有重要历史、文化、科学价值而面临濒危消亡的项目，采取切实可行的措施，进行抢救性保护，对具有重要价值的民间艺术传承人，尽力保护，在政策上给予重点扶持；鼓励民间艺人带徒授艺，加强中青年艺术骨干的培养，使民间艺术绝技后继有人、代代相传。

2.强化保护与开发并举

坚持在有效保护的前提下，合理开发利用，进一步扩大非物质文化遗产资源的效益，促进区域经济和社会协调发展。积极探索社会力量参与非物质文化保护的新路子，鼓励支持社会力量以各种形式参与非物质文化遗产的保护，使扑灰年画、剪纸、聂家庄泥塑等民间美术在生产性保护活动中坚持"非遗"本真性、完整性和核心技艺的保护与传承。

（三）取得的效益

1.社会效益

生产性保护过程本身就是一个更具生命力的有效抢救、保护和传承的过程。通过保护核心技艺、完善相关产品和刺激市场需求等环节，不断赋予传统遗产形态以合理适当的现代内涵。生产性保护使非物质文化遗产回归现实生活，并与现代社会经济"同生共赢"，使非物质文化遗产保护形成全社会共同参与的生动局面。让全市广大群众充分发挥主人翁意识，从我做起，从身边做起，积极参与非物质文化遗产保护，为推动高密市文化遗产的保护传承，促进高密民间文化在新时期的繁荣发展作出自己的贡献。

此外，民间艺术与社会文化环境的协调发展，取得了良好的效果。近年来，随着政府对民间艺术的重视和发展，许多民间艺人纷纷"重操旧业"，专业人才队伍猛增至3000余人，并且部分残疾人也能够自食其力靠手艺养活自己。

2.经济效益

非物质文化遗产保护工作需要政策性扶持的"输血"，也应通过生产性保护来提高各项目自身的"造血"功能。本着"以保护带动发展，以发展促进保护"的宗旨，加大实施生产性保护的力度。高密的传统美术和传统技艺资源丰富，目前，从事传统美术和传统技艺制作的业户达 1000 多家，年总产值达到近 5000 万元，其中，国内销售达 4700 多万元，出口创汇 50 多万元。其中以扑灰年画、剪纸、泥塑等国家级非物质文化遗产项目发展尤为迅速。全市传统美术和传统技艺从业人员达 800 余人，年销售总量超过亿元。

三、山东景芝酒业

（一）坚持传承核心酿造技艺

景芝酒传统酿造技艺是在唐朝陶甑酿酒工艺基础上演变而来，是以高粱为原料采用固态发酵固态蒸馏的酿酒技艺。千百年来，这种技艺以口传心领、师徒相授方式代代传承，得到不断创新发展，形成了独特酿造技艺秘籍：粮必精、水必甘、曲必陈、器必洁、工必细、贮必久、管必严。在当今景芝酿酒流程中，仍起着不可替代的作用。2007 年成为山东省首批非物质文化遗产。

中华老字号景芝白乾酒传统工艺就是继承传统工艺创新发展的结果，其工序为原料粉碎、出池配料、装甑蒸馏、出甑凉楂、加曲加水入池（瓮）发酵等。始终遵循传统酿酒秘籍，如原料要用青茬高粱、粉碎梅花瓣是为"粮必精"；地下水质优良为"水必甘"；装甑要求"轻、松、匀、薄、准、平"，缓火蒸馏，大气追尾等工序是为"工必细"等等。

（二）强化传统技艺的传承与保护

在传承人的培养上，现已拥有省级"非遗"传承人 1 人（图 7—2），在传承人带领下，培养了技术带头人 4 人，技术骨干 9 人，基础技术人员 20 人，形成了一支以技术带头人为主、高中级专业技术人才为骨干和行业酿酒专家组成的知识结构、职称结构、学历结构合理的科研攻关和创新能力强、勇于探索的科研队伍。

图7—2　省级"非遗"传承人赵德义

在传承平台的打造上，成立了景芝酒文化研究会和安丘市酒文化传习中心，每年投入100多万元，对景芝酒传统技艺进行挖掘和保护。修缮完成了南校场烧锅遗址，对景芝传统制曲工艺和酿酒工艺进行保护和传承。目前主要用于景芝酒传统酿造技艺的传承培训活动，成为展示景芝酒传统技艺的一个重要平台。

南校场烧锅遗址（图7—3），是当年景芝"七十二座烧锅"之一。占地面积1000平方米，窖池100多个。包含旧时石磨粉碎、人工踏曲、天锅蒸馏、陶瓷发酵等古法工艺，拥有石磨、曲模、踩曲台、大瓮、天锅、甑、锅台、发酵池等制曲、酿酒工具，设备设施完好，展示出明清时期景芝酿酒古韵。是迄今为止国内白酒业保存最完好的古代酿酒作坊之一。成为山东省和潍坊市政府文物保护单位，也是潍坊市非物质文化遗产传习所。

图 7—3　南校场烧锅遗址

（三）积极传播景芝酿酒技艺文化

在景芝酒传统酿造技艺的传播上，积极不间断地参加每年的"全国非遗日"期间系列传播活动。例如，2009 年第四个"全国非遗日"期间参加了潍坊市民间技艺展示，并举办了"景阳春之夜——守望精神家园"大型文艺展演。2012 年参加第四届山东文化创意产业博览会，以独特的"酒之城"创意展现景芝酒技艺文化。2014 年第九个"全国非遗日"期间，山东省文化馆开馆，通过声、光、影技术结合对景芝酒传统技艺进行了展示，受到了广泛好评。2014 年 9 月份参加了海峡两岸非物质文化遗产联展，取得了良好的效果。

图 7—4　参加的"全国非遗日"期间系列传播活动

借助工业旅游平台，将酒文化与旅游相结合，建设了景芝酒文化展览中心、景芝酒技艺长廊和齐鲁酒地酒文化博览中心等展览馆，打造了景芝酒之城（图 7—5）和齐鲁酒地两个国家 4A 级旅游景区，开辟了酒道文化、洞藏文化、生态文化、品鉴文化、酒赋文化、酒源文化和酒祖文化板块，邀请消费者和客户到景芝参观景芝酒的传统酿造技艺，更加直观和体验景芝传统技艺文化，形成"齐鲁酒文化游"亮点，有力地传播弘扬景芝酒文化。

图 7—5　景芝酒之城

借助全国糖酒会、山东省糖酒会等展示交流平台，通过影像的方式向消费者展示景芝传统酿酒技艺，将景芝酒文化，向顾客展现，面对面的与顾客交流，增强了对景芝酒的传统酿造技艺有更深入地了解。

（四）创新发展传统酿造技艺

景芝酒已发展为以"景芝白干"为代表的传统名酒系列、"景阳春"为代表的浓香型系列、"一品景芝"为代表的芝麻香型系列产品。在继承传统技艺基础上，创新发明的一品景芝被商务部和中国酒业协会确定为中国白酒芝麻香型代表，改写了鲁酒没有自己代表香型的历史。

图 7—6　景芝白干　　　　图 7—7　景阳春　　　　图 7—8　一品景芝

第二节　鲁西地区的非物质文化遗产保护传播成果展示

一、德州扒鸡

下文以山东德州某扒鸡股份有限公司为例，介绍德州扒鸡的保护措施、效果以及下一步发展。

（一）采取的主要措施及成效

1.生产过程中的"非遗"核心技艺情况

（1）制定《扒鸡传统工艺操作标准》，将传统扒鸡制作技艺细化为15大项34小项。

（2）联合山东省肉类协会、中国商业联合会制定中国《扒鸡》行业标准（SB/T10611），2011年11月1日发布并正式实施，传承保护这一民族加工技艺。

（3）1996年2月，成立德州扒鸡行业协会，团体会员122个。主要部门有市工商局、市质量技术监督局、市防疫站、市卫生局、市畜牧局、各县、市商场、超市。选举会长、副会长、秘书长及办事机构。制定德州扒鸡行业协会章程及扒鸡生产加工场所的设置，统一扒鸡加工工艺标准等法规性文宪。

（4）对16味中草药的配方进行严谨的保护与升级，由专人定点购置、专人定点配制，操作严谨，毫克配伍，碾碎装袋。配料过程严谨，由专业人员按程序操作，严格遵循君臣佐使的原则，根据所有天然佐料的属性和作用分配斤两，以达到各味佐料的科学配比，使德州牌扒鸡在口味上成为美食，在作用上成为膳食，让广大消费者吃着放心的同时，更能吃出健康。

（5）建立德州扒鸡传统工艺制作厂房，作为传承人培养和训练基地，使传统加工技艺后继有人，发扬光大。

2.经济效益与社会效益结合情况

（1）积极组织清华大学相关学者、山东省内外相关专家，就非物质文化遗产的数字化保护方向及方式方法进行专项研讨。

（2）积极筹建新的德州扒鸡文博馆，在馆内开辟数字化保护平台，并拿出专项资金购置设备，培养、培训相关技术人员。

（3）培养年轻人对传统手工技艺的兴趣，开展形式多样的理论与实践相结合的研讨会，同德州学院长期联合办学。

（4）普查民间关于德州扒鸡文化的传说，拍摄《300 年传承》大型专题纪录片。

（5）抢救性挖掘德州扒鸡手工技艺的线索，积极开展数字化保存和展示。

（6）建立德州扒鸡传统工艺制作厂房，作为传承人的培养和训练基地、传统场景再现和影视制作基地。

（7）组成德州扒鸡文化专家小组，规划、设计、论证德州扒鸡制作技艺的数字化保护各项筹备工作，保质、按时完成任务。

（8）建立德州扒鸡理论研究所，组成专家评审团，制定严格的评比标准，形成制度，使传统技艺的传承谱系规范化。

（9）让德州扒鸡飞出国门，香飘世界，进一步整合市场，实现德州扒鸡的对外出口，使德州扒鸡演变成一种文化载体，向世界传播中华美食文化。

3.实施科技创新的有关情况

（1）养殖——给"德州"牌扒鸡插上绿色的翅膀

本着"好扒鸡从养鸡开始"的产业理念，该公司逐步建立了十全乌鸡、鲁蒙笨鸡、华北柴鸡等生态散养基地和扒鸡专用鸡标准化养殖小区。严格执行统一鸡苗，统一饲料，统一防疫，统一回收，统一管理的"五统一"管理模式，把好源头关。"德州"牌扒鸡先后通过国家绿色食品认证、ISO9002 国际质量体系认证、HACCP 国家质量控制体系认证。

（2）加工——传统技艺与现代食品科技相融合

该公司遵循"传统技艺与现代食品科技相融合"的技术路线，实现了传统加工技艺的统一化、标准化；德州牌扒鸡加工技艺被评为"山东省非物质文化遗产"，受到保护。产品由正宗扒鸡传人辅以 16 种天然名贵佐料及经年老汤，采用文武有序之火，经过 20 多道工序精制而成。成品扒鸡的造型美观，色泽金黄、五香透骨，不含任何添加剂和防腐剂，绿色、营养、健康。

　　该公司在继承传统工艺基础上，严格控制原料质量、生产加工、产品检验、冷链配送四个重要环节。创新了"真空预冷、气调保鲜"等先进技术，保证了德州牌扒鸡的色、香、味、形俱佳。

　　（二）下一步发展规划

　　1.保护措施
　　（1）重建德州扒鸡文博馆，新馆搬迁后，在原馆基础上加大展出面积，增加中华鸡文化、美食文化等内容。
　　（2）建立德州扒鸡传统工艺制作厂房，作为传统技艺传承人的培养和训练基地。
　　（3）举办形式多样的理论与实践相结合的培训班，同德州的职业学校实现联合办学并常年合作。
　　（4）建立德州扒鸡理论研究所，对德州扒鸡历史文化进行理论分析与研究。
　　（5）让德州扒鸡飞出国门，香飘世界，重点解决好禽类熟食品出口难的问题。
　　2.发展目标
　　（1）让更多的人了解德州扒鸡的创业史和发展史，培养年轻人对中国传统手工技艺的兴趣，弘扬中华美食文化。
　　（2）培养大批德州扒鸡制作工人，使传统加工技艺后继有人，发扬光大。
　　（3）加强德州扒鸡文化的影响力，培养有志于投身中国传统技艺传承和保护的新力量。
　　（4）充分挖掘德州扒鸡历史文化，邀请国内知名专家，对扒鸡历史文化进行理论分析与研究，促进德州扒鸡文化价值的提升。
　　（5）进一步整合市场，实现德州扒鸡的对外出口，使德州扒鸡演变成一种文化载体，向世界传播中华美食文化。

二、鄄城鲁锦工艺

（一）鲁锦概况

鲁锦是鲁西南民间织锦的简称，它是山东独有的民间手织提花纯棉纺织品。鲁锦图案精致古雅，色彩绚丽，细密耐用，具有浓郁的地方特色和鲜明的民族特色，在国内外享有盛誉。

图 7—9　鲁锦

鲁锦的织造工艺极为复杂，大大小小要经过 72 道工序，它以 22 种基本色线可以变化出 1990 多种绚丽多彩的图案，堪称千变万化，巧夺天工。

鲁锦有着悠久的历史、深厚的文化积淀、珍贵的工艺价值和鲜明的民族特色，作为黄河文化、运河文化的精华组成部分，鲁锦织造技艺列入第二批国家级非物质文化遗产名录。

图 7—10　2008 年 6 月，鲁锦织造技艺列入国家级非物质文化遗产名录

（二）鲁锦传承的措施和效果

1.坚持核心技艺的保护和传承

（1）政府保护

为了保护和传承鲁锦这一国家级非物质文化遗产，当地政府鼓励相关企业积极参加各项非物质文化遗产展演活动，注重坚持鲁锦织造技艺"本真性"保护原则，以传统的工艺生产增强产品的技术壁垒，以手工织造体现鲁锦产品的核心价值，既保持了鲁锦的传统文化特色，也保护了鲁锦织造技艺长盛不衰。

（2）产品创新

鲁锦的织造技艺除提花织造技艺外，还有包花、砍花、缂花和打花织造技艺，形成了浑厚中见艳丽，粗犷中见精细的独特风格。新的鲁锦织造技艺从各个技艺的织造特点和成品的手感效果出发，针对不同的鲁锦织造技法研究开发不同的商品。

图7—11　提花织造技艺产品

提花技艺主要用于四片综到八片综的面料织造，用于生产床上用品和服装服饰（如图7—11）。

包花技艺主要用于围巾、头巾和披肩的成品织造；砍花工艺主要用于功夫带、床垫、坐垫、地垫等用品的织造；打花工艺主要用于包袱带、餐垫等用品的织造；缂花技艺主要用于室内软装饰用品的织造。分技法研发产品的原则，既保持了鲁锦制作技艺传承发展的丰富性和多样性，同时也增强了精一坊鲁锦产品的市场竞争力。

图7—12　包花技艺产品

图7—13　打花工艺产品

图7—14　缂花技艺产品

2.鲁锦文化的宣传推广

（1）升级中国鲁锦博物馆展陈

当地政府积极鼓励相关企业参与中国鲁锦博物馆的展陈升级工作，为鲁锦陈列的设计和施工提供了大量的文字、图片、视频和展品支持，从鲁锦的历史、技艺、文化和传承四个方面宣传鲁锦文化，展示鲁锦艺术。

图7—15　中国鲁锦博物馆

参观过鲁锦基本陈列的观众对鲁西南农村妇女高超的艺术表现力和艺术创造力十分钦佩，五彩缤纷的纯棉织锦给观众的不仅是强烈的视觉冲击，细细品味其中所蕴含的吉祥文化信息，更能令人油然而生出民族的自豪感，人们保护鲁锦织造技艺的意识得到极大提高。

（2）与高校合作

在推进非物质文化遗产生产性保护和衍生品开发过程中，当地的鲁锦相关企业在中央美术学院、山东艺术学院、山东工艺美院相关专家学者的支持下，保持鲁锦的传统手工织造工艺，与现代设计融合，实施文化创新，成立了"精一坊"鲁锦文化创意设计中心，从设计上丰富产品品种，从品质上提升产品档次，研发出手织鲁锦系列时装和家居用品系列，得到消费者的普遍好评。

图7—16　联合研发产品

（三）鲁锦的下一步发展规划

1.为进一步推动非物质文化遗产生产性保护工作，根据当前的形势和持续健康发展的要求，筹备创建鲁锦文化创意产业园，以此为平台开拓国内外市场。

2.打造鲁锦产业的"互联网＋"模式，建设电子商务平台，扩大产品的宣传范围，拓展国内外销售市场，以"非遗精品　全民共享"理念，为广大消费者提供快捷、高效、优质的服务。

3.坚持以生产性保护开发带动鲁锦织造技艺传承，继续深入探索非物质文化遗产产业传承的道路。

第三节　鲁中地区的非物质文化遗产保护传播成果展示

一、东阿阿胶

（一）阿胶的制作工艺——以东阿镇福牌阿胶为例

东阿镇福牌阿胶是中国的地理标志产品之一，具有悠久的历史和独特的制作工艺。其制作工艺经过多年的传承和发展，已经形成了完整的制作配方和工序。

首先，选择优质的驴皮，去除毛发和杂质（图7—17），进行浸泡、清洗和切割。接下来，将驴皮加入开水中煮沸，再用文火煮至驴皮熟软。然后将煮熟的驴皮取出，晾凉、切片、除去筋膜和不良部位，然后切成细条。

图7—17　刮毛

制作阿胶的关键步骤在于炖制（图7—18），福牌阿胶的炖制采用传统的红炉熬制工艺。这种工艺要求使用红砖和黄泥烧制的炉子，燃烧柴火进行加热。将切好的驴皮细条、清水、红糖等原料放入铜锅内，进行长时间的慢火炖煮，反复搅拌、控制火候，使驴皮细条逐渐溶解，与糖混合，形成胶状液体，然后再进行过滤、冷却、固化等步骤，最终形成阿胶。

图 7—18　炖制

福牌阿胶的制作工艺十分烦琐，需要经验丰富的阿胶师傅进行掌控，而且每个阶段都需要精确的火候和时间控制。这种传统的制作工艺不仅能够使阿胶具有独特的口感和药效，还能够保留驴皮中的营养成分和活性物质，更符合人体的生理需要。

（二）阿胶的传承措施与成效——以东阿阿胶为例

1.培养专业人才

（1）建立阿胶制作技艺相关专业

在当地高校或技术学院开设阿胶制作技艺专业，为学生提供系统化的阿胶制作技艺培训，培养专业人才。

（2）建立阿胶制作技艺培训机构

建立专业阿胶制作技艺培训机构，为想学习阿胶制作技艺的人提供系统化的培训和实践机会，提高阿胶制作技艺人才的数量和质量。

（3）创新阿胶传承人激励办法

设立传承人、技师、技工三级工艺传承制度，不断引进专业队伍，与传承人一道研究阿胶制作工艺，使作为国家级非物质文化遗产的福牌阿胶制作技艺在传承中不断发扬光大。集中开展青年技工培训，使其能熟练掌握传统阿胶制作技艺，形成东阿阿胶制作技艺传承的骨干梯队。

图7—19 收徒授业　　　　　　图7—20 一线带徒

（4）建立阿胶制作技艺交流平台

建立阿胶制作技艺交流平台，为专业人才提供相互交流、学习和分享经验的机会，推动阿胶制作技艺的不断创新和提高。

2.建设阿胶研发基地

阿胶研发基地是阿胶工艺发展的重要组成部分，通过建立阿胶研发基地，可以集聚阿胶行业的技术人才，加强科技创新，促进阿胶工艺的发展。

中国阿胶研发基地总部设在济南，拥有一批国内一流的阿胶专家，由两名享受国务院特殊津贴的阿胶专家带队，分别在东阿镇、平阴下设阿胶研究所、工艺技术研究所、质量研究所、中药现代化研究所、毛驴研究所、食品研究所、药材研究所，并在澳洲设立生物制剂实验室，致力于阿胶中药现代化事业与毛驴养殖生物制剂研究。

3.建设毛驴生物制剂产业链基地

建设毛驴研究所、毛驴养殖基地、毛驴产业链发展基地三大载体，继续提升毛驴养殖工作，推广毛驴养殖技术，对已经形成的驴肉、驴骨、驴血等驴制品为原料的生物制剂成果发挥驴产业孵化器的作用，以基地为平台做大驴产业，引导农户科学养驴，以生物制剂促进养驴产业发展，进而反哺阿胶产业，形成良性循环。

图7—21 毛驴研究所及毛驴养殖基地

4.打造文化营销基地

（1）创意文化产品开发

开发一些创意的文化产品，比如将阿胶与传统文化相结合，设计出富有文化特色的礼品和纪念品，吸引更多的消费者。这不仅可以增加阿胶产品的曝光率，还可以促进文化传承。例如根据元曲《秋夜梧桐雨之锦上花》开发的桃花姬阿胶糕，深受广大消费者欢迎。

图7—22　桃花姬阿胶糕

（2）举办文化活动

通过举办文化活动来吸引游客和消费者，比如阿胶文化节、膏方论坛讲座、养生课堂、健康讲座、阿胶制作工坊等。这样可以提升品牌知名度，同时也为游客提供了了解阿胶文化和制作工艺的机会。

图7—23　膏方论坛讲座　　　　图7—24　养生课堂　　　　图7—25　健康讲座

（3）建立文化展览馆

建立阿胶文化展览馆，展示阿胶的历史、制作工艺、功效等，让消费者更加全面地了解阿胶产品。展览馆也可以作为旅游景点吸引更多游客。现已建成中国阿胶博物馆、文化苑、药王山，传播"非遗"文化、价值，每年接待游客十几万人，被国家中医药管理局评为中医药宣传教育基地。

图 7—26　中国阿胶博物馆

（4）文化营销策略

制定文化营销策略，比如与媒体合作进行阿胶文化宣传，与文化机构合作进行阿胶文化推广等。通过各种文化营销手段，让更多人了解阿胶文化和制作工艺。

二、泰山瓷器

（一）泰山瓷器的历史

泰山瓷器是指产自山东泰安市泰山区的陶瓷制品，其历史可以追溯到唐朝。唐代开元年间，泰山曾经是中国制瓷中心之一，其陶瓷产品出口到东南亚、日本等地。明朝时期，泰安地区再次成为瓷器生产重镇，其制瓷技术得到了很大的发展和提高。清朝时期，泰山的制瓷业进一步繁荣，制造的瓷器品种也更加丰富，包括景德镇瓷、汝窑瓷、宜兴紫砂陶等，成为中国瓷器文化的重要组成部分。

20 世纪初，泰山瓷器业经历了一段低谷期，自 1949 年后，经过多年的发展和改革，泰山瓷器业逐渐恢复繁荣。现在，泰山瓷器以其精美的造型、绚丽的色彩和深厚的文化底蕴，深受人们喜爱，成为中国陶瓷业中的一支重要力量。同时，泰山瓷器还成功地走向了世界，被广泛地推广和应用。

（二）泰山瓷器的特色与价值

1.泰山瓷器的特色

（1）精湛的制作工艺

泰山瓷器的制作工艺是独特而精湛的，包括采用高温烧制技术、手工雕刻、彩绘等。其中每个环节都需要高度的技术水平和经验。制作出来的瓷器质地坚硬，细腻光滑，色泽艳丽。

（2）丰富的文化内涵

泰山瓷器传承了中国古代文化，融合了道教、佛教、儒家等多种思想，具有深厚的历史和文化内涵。泰山瓷器上的图案、纹饰以及形制等均反映了中国传统文化的博大精深。

2.泰山瓷器的价值

（1）艺术价值

泰山瓷器不仅具有实用价值，更是一种艺术品。在中国古代，瓷器就被视为一种极高的艺术表现形式，泰山瓷器则更加凸显了这一点。泰山瓷器的制作工艺高超，造型雅致，装饰精美，富有观赏性和收藏价值。

（2）经济价值

泰山瓷器的稀有性和艺术价值决定了其具有很高的经济价值。现今市场上，许多泰山瓷器都被视为收藏品，价格高昂，成为投资者的追捧对象。同时，泰山瓷器的制作也成为当地经济的一种支柱产业，为地方经济发展作出了贡献。

（三）泰山瓷器制作工艺

泰山瓷器的制作工艺主要包括原料准备、制坯、修坯、装饰和烧制等环节。

原料准备是泰山瓷器制作的重要环节，主要原材料包括高岭土、石英砂、长石和白云石等。这些原材料经过筛选、配比、混合等处理后制成泥料。

制坯是指将泥料压制成坯体。泰山瓷器制坯时通常采用压坯和模压两种方式，其中模压是一种比较常用的方法。将泥料放入瓷模中，然后用力将泥坯压实成型，最后取出泥坯。

修坯是指将制成的泥坯进行切割、修整等处理，使其达到工艺要求。泰山瓷器修坯时需要注意坯体大小、形状、厚度等方面的要求。

装饰是指在修坯完成后，进行图案、图像或文字等的绘制，以及采用雕刻、印花、涂绘等方法进行表面处理。泰山瓷器的装饰方式多种多样，包括刻花（图 7—27）、釉下五彩（图 7—28）、鎏金、贴花等。

图 7—27　刻瓷作品　　　　图 7—28　釉下五彩作品

　　烧制是指将装饰好的坯体放入窑中进行高温烧制，以达到瓷器的成型和釉面的流畅。泰山瓷器烧制需要控制火候、温度和时间等因素，以保证瓷器的质量。

　　（四）泰山瓷器的保护与传承

　1.泰山瓷器的保护

　　某淄博泰山瓷业公司修复整理了现存的 16 处古陶瓷作坊、古窑址，其中沂源桃花坪"扁扁洞"古陶遗址（新石器早期时代）、淄川寨里青瓷窑口（南北朝时期）、博山山头馒头窑古窑址（明清时期）、淄川渭头河牛拉碾遗址（近现代）等，经过修缮整理，完整保留了原址原貌。

图 7—29　沂源桃花坪"扁扁洞"古陶遗址　　图 7—30　淄川渭头河牛拉碾遗址

2.泰山瓷器工艺的传承方式

（1）设立传统手工艺人培训班

建立专门的培训班，聘请有丰富经验的老师传授泰山瓷器制作的相关知识和技能。通过课程教学，让更多的人了解和学习泰山瓷器的制作工艺。

（2）建立泰山瓷器研究中心

成立研究中心，聚集专业人才、学者和工匠，梳理"非遗"项目传承人传承脉络，深入民间挖掘陶瓷老艺人，开展泰山瓷器的研究和创新，对传统工艺进行深入挖掘，以保护和发展泰山瓷器。

（3）举办泰山瓷器文化展览

通过举办泰山瓷器的文化展览，让更多人了解泰山瓷器的历史和文化价值，激发人们对传统文化的热爱和保护意识。中国（淄博）国际木火节已连续举办10届，邀请国内外陶艺家参加，组织开展传统陶瓷手工制作技艺展演和陶瓷制成品的展示，进行陶艺作品创作，开展陶瓷文化交流，这是世界陶艺家协会在中国举办的唯——个国际陶瓷文化艺术交流活动。

图7—30　国际木火节盛大开幕式　　　　图7—31　当地小学生参观

（4）建立泰山瓷器博物馆

联合"非遗"传承人，建立泰山瓷器博物馆，集中展示泰山瓷器的历史、文化和制作工艺，通过多媒体互动和实物展示等方式，让观众全面了解泰山瓷器的发展历程和价值。目前已建成的博物馆有"陈贻谟陶瓷艺术馆"（图7—32）和"李梓源大师工作室"（图7—33）。

图7—32　陈贻谟陶瓷艺术馆

图7—33　李梓源大师工作室

（5）推广泰山瓷器文化产品

利用新媒体的互联网直播方式推广泰山瓷器文化产品，如陶瓷艺术品、工艺礼品等，让更多人了解和喜爱泰山瓷器，从而推动泰山瓷器的发展和传承。

三、淄博周村烧饼

（一）淄博周村烧饼的历史

周村烧饼是山东省淄博市的一道传统美食，起源于汉朝，并在清代晚期发展起来。它是山东省著名的土特产品，采用山东省的传统工艺制作，经过精湛的手工制作，具有四个特色：酥、香、薄、脆。它呈圆形，呈黄色，表面覆盖着一层芝麻，背面有许多小孔，非常薄而脆。一口咬下去，香气扑鼻，如果不小心掉在地上，就会摔得粉碎。这也被俗称为"山东瓜拉叶烧饼"。

山东周村的"烧饼"被认为是汉朝时期的"胡饼"。东汉后期，刘熙的《释名》对此进行了诠释："饼，并也。溲面使合并也。胡饼，作之大漫沍也，亦言以胡麻著上也。"麻子又叫芝麻，传说是张骞在西域发现的一种植物，因此得名。所以，从材料上来说，胡饼是一种裹着麻子的饼子，类似于挂炉的烧饼。

明代中期，山东省周村聚集了许多贾商，各种山东小吃开始出现，一种名为"胡饼炉"的烤制设备，被引进到山东周村，酒楼的厨师利用烧饼薄而香脆的特性，采用"上贴"的方式制作成了山东大酥烧饼。

清光绪六年（1880 年），山东周村的一家名为"山东汇和斋"的郭姓老字号烧饼店，经过多年的研究和改良，使得山东周村烧饼有了崭新的面貌，并形成了独特的风味。

进入 21 世纪后，"周村烧饼"已成为淄博市一张具有较高知名度和较强影响力的文化名片，目前已形成产业化生产，不仅在淄博市畅销，还出口到全国各地。与此同时，周村烧饼的种类也越来越多，有葱油饼、豆腐饼等，以满足人们对烤饼的需求。

（二）淄博周村烧饼的传承方式

1.挖掘周村烧饼历史，弘扬周村烧饼文化

（1）联合国家、省、市、区有关专家、学者和老艺人、传承人，召开了周村烧饼历史文化学术研讨会（图 7—34）。就周村烧饼的历史文化、传统技艺，以及对当地经济、社会、文化和民俗等方面产生的影响，进行深入的研讨。挖掘和弘扬周村烧饼历史文化和技艺。

（2）为周村烧饼老艺人、传承人建立录音、录像、采访、口述等完整的资料档案，建立"非遗"档案室（图 7—35），为发展传承周村烧饼技艺积累宝贵的财富。

图 7—34　周村烧饼历史文化研讨会　　　图 7—35　传承人口述历史档案馆

（3）积极征集周村烧饼有关历史文献资料，出版了《周村烧饼文化建设文集》《丝绸之路的历史见证——周村烧饼》《周村烧饼传统手工技艺》《周村烧饼楹联海内外大征集优秀作品集》等一批文学艺术作品。

图 7—36　出版的周村烧饼相关书籍

（4）在国家 4A 级旅游景区中心周村古商城投资建设了 3000 平方米的山东省首家"活态性"非物质文化遗产——周村烧饼博物馆。博物馆分生产技艺和历史文化展区二大部分。生产技艺展示区充分展示周村烧饼全部制作技艺，并设置了一处现场制作互动点，让参观者亲自参与制作，体验这一中华美食博大精深的制作技艺。历史文化展区以翔实的历史资料与实物、同比例的人物雕像，集中展示了周村烧饼悠久的历史文化和古城周村、商业周村、文化周村的人文风情。

图 7—37　周村烧饼博物馆

图 7—38　周村烧饼博物馆生产技艺展示区

图 7—39　周村烧饼博物馆历史文化展区

（5）拍摄了《周村往事》电影，该片是一部反映周村烧饼非物质文化遗产传承保护的故事，表现非物质文化遗产继承人以人格为重，以诚信为本，以国家民族大义为指归的高尚情操。

图7—40　《周村往事》电影开机仪式

2.建设生产性保护基地，创新发展提升品牌价值

非物质文化遗产保护和传承不能仅限在博物馆、展室内，更重要的是在社会生活中繁衍、渗透和生产经营活动紧密地结合起来，才是"技艺非遗"保护的重要方式。

周村烧饼产业发展和企业的发展密不可分，当地政府在积极传承和弘扬周村烧饼的历史文化中，逐步走出了一条品牌文化建设之路，提升周村烧饼的知名度，产品深受消费者欢迎。为确保市场的需求，当地政府不断鼓励企业扩大生产规模，分别在劳动力资源相对比较充足、交通比较便利的地区建厂。先后在济南市济阳县建设了分公司，在淄博市周村区和文昌湖区分别建立了两处生产基地（图7—41），并从当地招聘了300余名生产工人。异地建厂，较好地传播周村烧饼的历史文化，使周村烧饼走出原产地繁衍传承。

图7—41　生产车间

3.建设学习传承培训基地，培养传承接班人

为加强员工的培训和传承人的培养，当地政府积极鼓励企业与淄博的职业学校联合建立传承培训基地（传习所），教学以专业理论知识与口传身授相结合的教学方式，取得了较好的培训效果。

图7—42　传习所

4.不断发展创新，技艺才能世代相传

产品只有符合现代社会消费潮流才能有生命力，才能生生不息。以公司为依托成立的淄博市周村烧饼工程技术科研中心，根据现代消费者的需求，结合现代食品工业的产品特点，在保持周村烧饼生产工艺和技艺核心的基础上，先后研制出多项周村烧饼新工艺、新配方，使周村烧饼走向了现代消费需求的健康、营养、休闲食品的行列，并将周村烧饼文化内涵元素融入产品包装和企业品牌中，形成了浓郁的文化气息。现周村烧饼形成了八大风味系列，近百个产品规格包装，适应了各消费群体的需求，深受广大消费者喜爱。周村烧饼生产新工艺经淄博市科委专家鉴定达到国内领先水平，获得了淄博市星火科技三等奖，五人荣获星火科技个人三等奖。

四、泰山皮影艺术

（一）泰山皮影艺术概述

1.泰山皮影艺术的历史

泰山皮影是我国民间一门古老的艺术。泰山皮影戏，又称人子戏、挑影子，因为其演员和道具都是用驴皮制作的，所以也被称为"驴皮影"，展示

了泰山文化的博大精深和古朴魅力。根据人们口口相传，皮影在泰山已有400多年的历史，但最早是哪位先驱将其发扬光大，并使其在泰山流传开来，已无法考证。

泰山皮影的表演使用一块巨大的幕布，也就是通常所说的"影窗"。演员们可以在幕布上操控自己的影子，表演各种栩栩如生的动作，同时配以配音、灯光、布景和音乐。皮影戏乍看之下与杂耍并无太大差别，看似只是一些雕刻好的皮偶在表演而已。然而，不可小觑这些小家伙，他们能连续唱上三天三夜，随心所欲地表演任何有趣的故事。在泰山山下，曾经有数十家皮影剧团活跃于泰安城内的各个街道，十分流行。

2.表演形式

中国的皮影有多种表演形式，但通常需要多个人共同完成。在皮影界有一句俗语叫做"七紧，八松，九停"，意思是说一场皮影戏需要至少八个人共同完成，否则后台的气氛会非常紧张。如果有九个人，总会有人无所事事。

泰山皮影戏有其独特之处，一场戏最多由两人组成，一人负责伴奏，一人负责控制。在必要的时候，一个人也可以负责一整场戏。这是皮影戏中的一种古老技艺，称为"十不闲"。所谓"十不闲"，意味着在表演皮影戏时，要做到"脑中想着词，口中唱着曲，手里舞着人，脚下踩着槌"，要全身心地投入其中。一个人需要同时扮演多个角色，才能完成一场完整的表演，这对表演者的演技要求很高。"十不闲"已有1700多年的历史。根据中国文化部的资料，目前中国唯一完整地保存了"十不闲"技艺的是"泰山皮影戏"的第六代传人范正安。

（二）泰山皮影艺术的传播方式及成效

1.教育方面

泰山皮影已经作为泰安市的校本课程进入了泰山学院、泰师附小课堂。现在泰山皮影课每学期课时306节，目前，全市已经有3万多名学生学习过泰山皮影艺术。此外，"齐鲁文化报告团"走进北大、清华等200所高校、厂矿、边关哨所，传播了泰山皮影文化。

图 7—43　泰山皮影艺术走进小学课堂

2.电视传媒

2013 年 12 月份，泰山皮影与省内家喻户晓的齐鲁电视台知名栏目拉呱达成一致合作，开始进行全年全天候定点演出实时新闻活动，定制率 100%，从台本、道具制作到演出，仅 1 个小时，创造了实时新闻演绎的奇迹！增强了栏目的看点和收视率。

图 7—44　泰山皮影联合拉呱栏目开展的电视节目

3.多景区合作

泰山皮影与泰安市太阳部落景区达成一致合作，作为"民俗街"展示项目进驻景区，开始进行全年全天候定点演出活动，以及工艺品展售，每年为景区创收 30 万元。此外，泰山皮影还和北京恭王府合作演出"晴花屋"皮影剧场，每天接待游客 2000 余人。

图 7—45　景区中泰山皮影艺术

4.网络游戏

自 2012 年起，泰山皮影以其动态展示、精雕细琢、时尚混搭的风格，开启了与腾讯公司的合作，成为腾讯旗下网游系列产品推广宣传的定点合作单位，辅助开发网游皮影剧目以及网游皮影周边，获得了极高的点击率和关注度。

图 7—46　泰山皮影与腾讯游戏的联动作品

五、莱芜鲁王工坊锡雕

下文以鲁王工坊锡雕艺术研究院为例，介绍锡雕的保护措施、成果以及下一步发展规划。

（一）鲁王工坊锡雕艺术保护采取的主要措施及成效

1.建立交流合作

鲁王工坊锡雕艺术研究院与清华大学美术学院合作，联系全国工艺美术专家、学者，挖掘莱芜锡雕的历史文化和审美价值，广泛开展锡雕艺术的研究设计、开发保护、传承发展和销售推广。

图7—47　清华大学美术学院博导中国金工教父唐绪祥教授在鲁王工坊指导

2.完善工艺流程

鲁王工坊锡雕艺术研究院将工艺流程分布于多个工作室，开展生产和研发，核心技艺保持原汁原味和最传统的设计制作工艺及流程，确保了项目的本真性。

图7—48　作品展示

3.加强人才培养

鲁王工坊锡雕艺术研究院实行公司制运作，人员均从锡雕艺术研究院长期班的学员中选拔，并建立长期用工合同，保证了从业人员的相对稳定性。

4.加大社会宣传

鲁王工坊锡雕艺术研究院每年都积极参加各种展示、展演活动，世博会、文博会、"非遗"博览会等大型展会都取得了较好的效益和荣誉。在大型活动中设计锡雕主题纪念品，取得了很好的社会和经济效益。鲁王工坊锡雕艺术研究院每月还举办一次免费的 DIY 亲子制作体验活动，通过互动体验增强社会各界对非物质文化遗产的了解。

图7—49　上海世博会向观众展示锡雕技艺　　图7—50　国家博物馆展出

图7—51　在澳门卢家大屋进行锡雕艺术展示

5.保证产品质量

鲁王工坊选用纯度达到 99.9% 的纯锡。略带珍珠质感的银白色泽是专属于纯锡的颜色，再加之其温润细腻的特性，使纯锡制品带有一种与生俱来的优雅和内敛气质。

鲁王工坊锡雕全部采用云南锡业集团
出品的纯度为99.9%的纯锡，以保持
纯锡绿色金属的特性不被破坏。

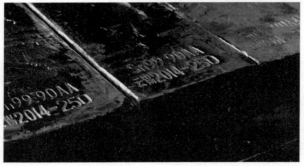

图7—52　材料展示

（二）下一步发展规划

　　鲁王工坊锡雕艺术研究院下一步计划用 5 年时间，征地 3 万平方米，分期分批规划建设建筑面积 2.6 万平方米，集产、学、研、展、游、购、博览于一体的鲁王工坊锡雕艺术博览中心，完成项目征地、基础设施建设和人员招聘等，2024 年完成内部配套设施建设，展开艺术研究、培训等工作，加快生产性开发步伐。

六、肥城桃木雕刻

　　肥城地处泰山之西，是世界上最大的桃园，种植历史长达数千年。据说，肥城东南方的桃树枝条具有驱邪辟邪的神效。关于东南方桃花枝的传说已有很长的历史。据辞源所述："古代选桃木枝刻桃木人，立于户中以避邪。"至今，人们仍然相信桃花木雕品可以辟邪。汉代时期，人们会在大门上悬挂雕刻有桃花图案的木印，称为桃花印。此外，桃子也象征长命百岁，在向老人祝寿时，用一碟寿桃来表达对老人的祝福，希望老人身体健康，长命百岁。

桃木及其木制品之所以被赋予如此神奇的力量，是因为古代人相信它能让鬼魂闻风丧胆。在人们心中，桃木具有祈求平安和吉祥的意义。

桃花木雕有多种手工艺形式，并且得到了长足发展。其中包括平面雕刻、浮雕和线雕等技法。桃木制品有着丰富的种类，包括桃花心意、桃花心意阿弥勒、生日礼物和其他许多桃木制品。光是桃木剑就有 3000 多种不同的样式。

近年来，肥城深入贯彻省厅和泰安市局的工作部署，按照市委、市政府"实施文化兴市战略、奋力建设文化强市"的目标思路，牢固树立活态化传承理念，积极探索产业化发展方式，推进桃木雕刻民俗生产性保护。继被列入首批省级"非遗"名录后，桃木雕刻民俗又被评为全省"非遗"保护优秀实践项目。

肥城市对桃木雕刻的保护措施和成效如下。

（一）突出地域特色，打开生产性保护源头活水

当地政府注重把文脉传承与技艺传承紧密结合，以保持原本性为抓手，培育文化生态，提高技艺水平，增强桃木雕刻的"肥城印记"。

1.保持文脉传承原本性

（1）从弘扬中华优秀传统文化的视角，深入挖掘桃文化内涵，赋予"镇宅旺财、辟邪消灾，好运吉祥、福寿安康，爱情良缘、忠义担当"的美好寓意，丰富了桃木雕刻民俗的文化基因。收集整理桃文化民俗故事，肥桃的传说被列入泰安市级"非遗"名录，并被推荐为省级"非遗"项目。

（2）在城市建设中融入桃文化符号，让桃文化走进市民生活，做到放眼可见、触手可及。

图7—53　肥城桃文化建筑

（3）建立桃文化展览馆，展示肥城桃文化的历史、特色等，让民众更加全面地了解桃文化。展览馆作为旅游景点也吸引了很多游客。积极宣传和开展肥城桃文化特色活动——桃花节，提升肥城桃文化知名度，打造肥城桃文化特色品牌。

图7—54　中国桃文化博物馆　　　　图7—55　桃花节开幕式

（4）坚持用歌曲形式增进全社会的文化认同，在前几年创作桃文化系列歌曲的基础上，今年与中国音协、省文联合作，面向全国开展"中国梦，桃乡情"歌曲征集活动，扩大了桃文化宣传。

2.保持技艺传承原本性

（1）制定传承人培养计划，支持传承人建立传习所和工作室（图7—56），壮大传承人团队。鼓励代表性传承人收徒传艺，手把手的言传心授，当好非物质文化遗产的承载者和传递者。

图7—56　桃木雕刻传习所

（2）坚守传统的工艺流程和核心技艺，讲好肥城故事，传播先进文化，切实体现桃木雕刻民俗的文化价值和艺术魅力。当地政府联合代表性传承人起草了《桃木制品通用技术标准》（图7—57），对桃木制品的原材料、生产加工规范、检验规则等作了详细论述，被确定为山东省地方标准，使桃木雕刻民俗保护走上标准化道路。

图7—57　桃木制品通用技术标准

（二）科学谋划发展，打造生产性保护产业高地

1.坚持创意为魂，提高品牌知名度

（1）当地政府组建了桃木工艺研究所（图7—58），围绕多种地域文化相结合、多种材质原料相结合、多种审美角度相结、多种技术工艺相结合、多种使用功能相结合的开发设计方向，每个月都有十多种新产品问世。

图7—58　桃木工艺研究所

（2）连续多年举办全国桃木雕刻创新设计大赛，搭建起桃木雕刻专家与桃木加工企业的交流平台，成为以桃木单一材质为主的"国字号"桃木雕刻行业发展盛会。

图 7—59　全国桃木雕刻创新设计大赛颁奖典礼

2.坚持人才为本，增强核心竞争力

（1）在加强传承人队伍建设的同时，举办全国性的桃文化暨桃木旅游商品发展研讨会，邀请民俗文化、雕刻技艺等领域的专家汇聚肥城，对桃文化内涵、桃木雕刻工艺、产品个性定制、桃木与乡村旅游发展等课题进行研讨，借助专家智力，带动人才培养和产业提升。

图 7—60　桃文化相关研讨会

（2）在市高级技工学校开设桃木雕刻专业课程，定期招收学员，开展技艺培训。实施肥城桃木雕刻流派培树工程，提高技术工人实践操作水平，形成了肥城自己的雕刻特色与风格。

图 7—61　技艺培训

3.坚持协作为重，促进产业集群化

采取“公司+农户”“公司+基地”的模式，打造以“小规模、大群体”为特征的发展格局。组织传承人和生产企业创办桃木雕刻农户培训班，培训桃木制品的初加工技术技艺。

经过培训，有木工或技工基础的农户，以家庭为单位生产桃木雕刻毛坯、半成品、零部件。农户自行联系原材料渠道，公司下订单，全程跟进技术指导，采购农户半成品后进行深加工。从原料采购、加工整理、专业配送到售后服务，建立了一套实时监控、专人监管的科学管理架构。

图 7—62 “公司+农户”模式

这种产业模式，既降低了成本、分散了风险，又扩大了就业、促进了增收。通过以点带面，全市桃木雕刻加工农户发展到 1000 多家，从业人员 1 万多人，年加工桃木原料 2 万多吨。

4.坚持市场为先，拓展营销辐射面

建设了桃木旅游商品城，吸引 150 多家桃木雕刻企业入驻。在春秋古城规划了“桃木商品购物一条街”，被省旅游局评为“山东省旅游休闲购物街区”。

图 7—63 桃木旅游商品城

密切与文化部恭王府管理中心的联系，依托这一国家级"非遗"保护展示平台，坚持专家创意、企业制作、景区销售"三位一体"，实现了设计、生产和市场的无缝隙对接。组织桃木雕刻企业走出去，积极参加中国"非遗"博览会、深圳文博会等各类展会，宣传和展示桃木雕刻民俗文化及其衍生品。大力推行商家加盟，扩大市场占有率。

图 7—64　展会返图

（三）创新运作机制，优化生产性保护发展环境

1.政策引导机制

市委、市政府将桃木雕刻民俗保护列入区域发展总体布局，作为重点培植的"八大产业集群"之一，编制发展规划，制定扶持政策。在致力于创新公共文化服务体系建设协调机制而组建的文促委（文化强市建设协调促进委员会）下，设立了专门的桃文化发展组，协调推进桃文化研究和桃文化产业发展。市财政设立了桃木雕刻民俗保护资金，专项用于传承人补助和传承平台建设。对进入"桃木商品购物一条街"的桃木销售商户，给予免除两年租金的政策扶持。

2.互动发展机制

按照"高端创意、跨界融合"的思路，发展起集桃树种植、赏花品桃旅游、桃木雕刻加工于一体的大产业，使桃木雕刻民俗保护有了更加广阔的发展空间。研究制定了由农业部颁布实施的《肥城桃国家农业创业标准》和《肥城桃保护开发条例》，肥城桃地理标志证明商标被认定为中国驰名商标，拥有"世界最大桃园"美誉的十万亩桃园被列入吉尼斯世界纪录，刘台桃源世界景区被评为"国家 AAA 级旅游景区"和"全国首批农业旅游示范点"。规划实施了桃文化大观园项目，建设生产性保护基地，推动桃文化生态保护。

3.行业自律机制

组建了桃文化研究会、桃木雕刻民俗研究会和桃木商品总商会（图7—65），引导社会力量参与桃木雕刻民俗保护。支持行业协会开展桃木雕刻民俗的宣传、展示、研究、出版等活动，搞好行业管理和自我服务，在规范经营行为、严控产品质量、加强信息交流等方面发挥了重要作用。

图7—65　桃木商品总商会

第四节　鲁南地区的非物质文化遗产保护传播成果展示

本节以嘉祥石雕为例阐述鲁南地区非物质文化遗产保护传播成果。

嘉祥石雕艺术历史悠久，具有"汉代历史百科全书"之称的武氏墓群石刻，见证了嘉祥石雕艺术的源远流长，与古埃及石刻、古希腊瓶画一起被联合国教科文组织誉为"世界三绝"，堪称世界文化遗产之瑰宝。

千百年来，勤劳智慧的嘉祥人民，在传承石雕艺术中顺应时代特征、拓展文化特质，不断植入时尚元素，使嘉祥石雕这一古老艺术焕发出蓬勃生机和旺盛活力。嘉祥县由此被命名为"中国石雕艺术之乡"，嘉祥石雕入选国家级非物质文化遗产名录。

进入新时期，嘉祥县以产业转型升级为主线，坚持创意引领、跨界融合，运用市场化手段重组石雕产业链和利润空间，全力推动石雕文化产业专业化、品牌化、规模化、集群化发展，走出了一条传统艺术保护、发展的新路子，即建设嘉祥石雕文化产业园。

一、嘉祥石雕文化产业园基本情况

嘉祥石雕文化产业园（图7—66）位于嘉祥县城区东部，2000年建成投产，占地300余亩，入园企业106家，从业人员1.2万人。园区主要从事石雕艺术产品的加工、销售，产品品种数千个，年产产品15万余件，远销海内外十几个国家和地区。

园区充分发挥龙头带动作用，促进了全县石雕文化产业的发展，截至2014年底，全县石雕加工经营业户已达1132户，其中登记在册企业378家，从业人员3.4万人，实现营业收入36.7亿元，同比增长26%，利税4.2亿元，同比增长29%。

图 7—66　嘉祥石雕文化产业园

　　嘉祥石雕文化产业园于 2007 年被省文化厅命名为"山东省石雕文化产业示范基地"，2008 年被省经贸委命名为"山东省石雕工艺品产业基地"，被文化部命名为"国家级文化产业示范基地"，2012 年被省文化厅命名为省级非物质文化遗产生产性保护基地，被省委宣传部命名为"2012 文化齐鲁创意山东品牌 100"十佳文化产业园区（基地），2013 年被省委、省政府列为省重点文化产业园区。

二、主要措施及成效

（一）开展传统技艺保护传承工作。

1.珍贵资料整理

　　通过在园区开展普查工作，挖掘整理了大量珍贵资料，并在此基础上编撰出版了《嘉祥石雕大观》一书（图 7—67）。

图 7—67　《嘉祥石雕大观》

2.人才培养

园区各石雕企业积极鼓励老艺人收徒授艺，定期举办培训班，培养艺术新人。在生产过程中运用现代工艺的同时，由艺术造诣较高的石雕艺人采用传统工艺加工石雕作品，并向新一代传承人传授传统工艺。

图7—68　传统石雕工艺

目前园区掌握核心技艺的传承人约有1300余人，年龄结构以25—60岁为主，其中35—55岁的中年艺人占比较大。嘉祥县对3名省级代表性传承人每年发放6000元的传承经费，对10名造诣较高的艺人每年发放4000元的传承经费，扶持他们开展传统技艺传授工作。

（二）保护有限天青石资源

嘉祥石雕的原材料主要是本地特产的天青石，资源十分有限。随着石材行业的爆发式发展，天青石被过度开采。为保护天青石资源，嘉祥县实施了封山禁采措施，每年只开采两座山体，提供石雕用材，其余山体一律封存绿化，为石雕艺术的发展预留出了原料空间。

（三）走产学研一体化发展道路

为提高嘉祥石雕艺术的研发、创意、制作和加工水平，园区与中国雕塑学会合作，建立了"中国雕塑学会嘉祥石雕艺术创作基地"，与山东艺术学院和山东工艺美术学院联合，建立了两处教学实践基地。

利用上述基地，每年开展高校师生创作、实践活动，嘉祥县石雕艺人向他们学习创作理念和雕塑技巧，同时引进外部人才，建立创作工作室。这些措施提升了嘉祥石雕的创意水平和艺术含量，石雕产品附加值不断提高，利润空间不断增大。

（四）实施优惠扶持政策

为推动石雕文化产业的发展，嘉祥县委、县政府出台了《关于加快石雕文化产业发展的若干意见》，对石雕文化企业特别是入园企业从土地、税收、信贷等方面给予优惠和扶持，为石雕文化企业的发展壮大提供了一个良好的环境条件。

（五）发挥行业协会监管作用

嘉祥县成立了"嘉祥县石雕文化产业协会"，承担对石雕艺术的保护传承，对石雕产品质量鉴定、价格评估、艺术培训交流、市场运行分析和信息提供等职能，充分发挥行业协会的自我管理、自我完善、自我监督、自我提高的功能作用，保证了石雕文化产业的有序发展。

（六）积极打造嘉祥石雕艺术品牌

申请注册了"嘉祥石雕"地理证明商标（图7—69），制定了《嘉祥天青石雕刻产品技术规范》山东省地方标准，先后成功举办了五届中国（嘉祥）石雕艺术节（图7—70），通过举办石雕艺术作品大赛、石雕艺术研讨会、石雕产品博览会等活动，吸引众多国内外雕塑专家和客商前来参加，极大地提高了嘉祥石雕的影响力，提升了嘉祥石雕的知名度，打响了嘉祥石雕文化品牌。

图7—69　"嘉祥石雕"地理证明商标

图 7—70　中国（嘉祥）石雕艺术节　　　图 7—71　石雕艺术研讨会

第五节　鲁北地区的非物质文化遗产保护传播成果展示

本节以东路梆子为例，展示鲁北地区的非物质文化遗产保护传播成果。

一、东路梆子的起源

明、清两代，山西同州梆子班的散修艺人为谋生计，跟随黄河上的商船来到山东地区。在山东，他们四处演出，传唱着同州梆子，又被称为梆子腔。最迟到清中叶，这种艺术形式传播到了章丘、惠民和阳信等地，受当地方言、戏曲和民众喜好的影响，同州梆子的唱腔、曲调和表演形式都发生了巨大改变。人们将流传到章丘地区的梆子腔称为"东路梆子"。

二、东路梆子的艺术特色

东路梆子传播速度很快，受众也很广泛，这与其深受民众喜爱的演唱风格、音乐风格等有很大关系。尽管东路梆子有"山东吼""东路呕"之称，但由于其本身也兼具山西人豪迈、质朴、直率的个性，形成了自己独特的发音方式与特色。在东路梆子的生、旦、净、末、丑等行当中，每个行当都有其独特的唱腔和发音方式。

东路梆子的演唱特点是：先吐字，后拖腔。吐字用真嗓（大嗓），听起来真切。那些唱功好的演唱者会充分运用自己的声音，而唱得较差的则会使用假声来减缓音量。在演唱过程中，通常行腔时无字，吐字时无腔，并大量使用虚词和衬词。东路梆子的演唱主要以拖音和鼻音为主，不管是"呕"字还是鼻音都非常出色，听起来高亢、振奋、充满活力。

东路梆子是一种"板腔体"戏曲，其板子种类繁多，包括大一板（即大慢板）、二板（也叫慢二板）、三板、四板等。乐曲种类丰富，涵盖了乱弹、昆腔、叫板等20多种不同的唱法。此外，还有合唱、伴唱、对唱等不同的表演形式。

在乐器方面，东路梆子使用的乐器包括大胡琴、月琴、小三弦以及原始的"三大件"。后来又加入了二胡、笙、小胡等乐器。打击乐器方面，增加了中低音的鼓声，还有筛子、铃铛、木鱼等。东路梆子的代表作包括《反徐州》《破洪州》《马三宝征西》《苏门答腊》等。演出中，东路梆子的表现风格粗狂而生动，十分注重对"绝活"的运用，音色清丽，充满了劳苦的气息。演员行当齐全，服饰严谨，面部表情规范。在脸谱、表演、伴奏等方面，东路梆子都表现出了区别于其他戏剧的独特魅力。

东路梆子的演出注重手、眼、身法、步法的完美表现。演员们平日里练习勤奋，袖子、舞步、甩发等动作熟练自如，并有许多独到之处。在《反徐州》中，郭连孝饰演徐达这一决心起义的角色时，他一个脖子扭动，帽子就飞了起来，掉进了巡逻队的手里。这样的表现不仅能很好地衬托出故事的情节，也能很好地表现出角色的心境。此外，像《坐楼杀惜》中的宋江用脚踢腰带，《打侄上坟》中陈在官的坐姿等，也都展现了东路梆子独特的看点和魅力。

三、东路梆子的衰落原因

东路梆子是一种有着 300 余年历史的传统戏剧，其产生与特定的历史背景密切相关。

东路梆子在保持山西同州梆子腔调的基础上，吸收、融合了"过板起"这一兄弟剧种，使其内容更加丰富，音色更加清丽，为观众带来耳目一新的享受。演唱时，先吐字，后拖腔，用真嗓清脆地表演。"吼"即拖腔时高八度唱，高亢、洪亮、雄浑，几乎冲破云霄。除了歌声外，表演、伴奏、锣鼓等元素也十分丰富，面部化妆等方面更是别具一格，富有审美情趣。东路梆子演出种类繁多，内容大多弘扬惩恶扬善、忠义报国、仁孝和谐的民族精神。

然而，在 300 余年的历史长河中，东路梆子经历了繁荣、曲折、跌宕起伏、盛极而衰等阶段，最终走向了没落。这样的现象一方面受到了所处社会大环境的影响，另一方面也与其自身所具有的特殊性有关。抗日战争期间，华东地区战火连天，人民生活艰难，没有时间去观赏戏剧演出，因此戏班停演，演员散伙，东路梆子的传承也因此受到了沉重打击。直到二十世纪五六十年代，东路梆子才得到了复兴，并迎来了进一步的发展。

四、东路梆子的发展与传承

（一）领导重视

2007年，为了拯救这一优秀戏剧并使其得以传承，阳信县文化局在滨州市文化局的协助下，联合相关专家走访了50多个乡镇，拜访了100多位东路梆子的老艺人，并对他们的表演进行了录音、录像。通过整理这些资料，收集了部分唱腔、曲牌和锣鼓，并根据老艺人的记忆整理出了10多个东路梆子的戏目，其中包括《桃花庵》《白虎帐》《逛灯》等。

为建立一个更为稳固的传承载体，2014年，在原县文工团的基础上，阳信县组建了名为"阳信县东路梆子剧团"的专业剧团。该剧团邀请了本地老艺人担任授课教师，排演了多个东路梆子传统名剧，如《铡美案·杀庙》《双锁山》等。在全省"吕剧项目"的引导下，他们为全县观众呈现了一场精彩的"吕剧盛宴"和"东路梆子盛宴"。这样的努力和呈现，为东路梆子的传承和发展贡献了一份巨大的力量。

（二）创造性

白居易是新乐府运动的倡导者，他提出了"文章合为时而著，诗歌合为事而作"的观点，认为文学既要反映时代，又要反映现实。艺术作为一种无形的文化遗产，同样也是如此。为了与时俱进，适应并满足年轻人的审美需求，阳信县东路梆子剧团在注重传统的同时，对东路梆子的演唱方式、表演形式等方面进行了大胆的探索和创新，例如在《二蛋闹牛》等剧目中融入了现代舞台艺术和乐器的元素，使得这部优秀的文化节目在舞台上得以焕发新的生机。《长调悠悠》是阳信企业为支援内蒙古科右中旗演出的东路梆子戏剧，阳信县对此次演出非常重视，邀请了中国艺术研究院戏剧研究所的前所长王安奎教授开展了学术讨论会，该研讨会得到了市局的大力支持，力求将这次演出打造成具有灵魂、道德和温度的文化盛宴。

2013 年 3 月，东路梆子被列入滨州市第三批市级非物质文化遗产，2021 年 11 月，入选山东省第五批省级非物质文化遗产代表性项目名录通知名单。2017 年 6 月，山东省戏剧家协会、山东省艺术研究院和阳信县人民政府在阳信共同举办了"山东省第一次东路梆子保护和发展学术讨论会"。同年 9 月，《二蛋闹牛》获得 2017 年度"常平杯全国小戏小品大赛"剧目一等奖。《二蛋闹牛》在 2017 年 11 月 3 日的"第七届全国小戏小品大赛"中，凭借其精巧的艺术形式和高亢明亮的唱腔，受到了评委和听众的高度赞誉。同年 12 月，《二蛋闹牛》在"中华颂"第二届小戏小品高级研修班优秀作品展演中荣获"优秀剧目金奖"。

第六节　山东"非遗"的"多面"丰收

非物质文化遗产是中华优秀传统文化中不可或缺的一部分，它承载着中华历史的悠久传承，是中华历史的鲜活见证，也是各民族感情的重要纽带。近年来，山东一直致力于非物质文化遗产的保护和传承，将非物质文化遗产融入人们的日常生活，增强人们的文化自信。

一、打造全国性品牌"非遗"活动

如果说，非物质文化遗产是一座富饶的矿产，那么，它的每一个项目都是熠熠生辉的瑰宝。为了更好地传承与发展非物质文化遗产，山东济南市举办了中国非物质文化遗产博览会，为民众构架了一个展示、了解"非遗"成果的重要窗口。

在 2022 年 8 月，第七届"非遗"博览会顺利举行，一场非物质文化遗产的盛宴拉开帷幕。此次博览会由国家文化和旅游部、山东省人民政府联合主办，山东省文化和旅游厅、济南市人民政府联合承办，主题为"链接现代生活，绽放魅力光芒"。活动不仅举办了多场精彩的线下活动，还开展许多线上活动，使活动的传播力和覆盖面不断扩大。

主要场馆有："十八大以来国家非遗保护成果展览""非遗助力乡村振兴展""大运河沿线非遗展示"和"中国传统茶叶制作工艺及其有关风俗"四个展区，构成了一副生动的非物质文化遗产保护和传承发展的图景。通过对 31 个省（区、市）的 284 个"非遗"项目现场表演，让"非遗"真正融入到人们的生活中，使"非遗"活跃起来。在分会场，举办了"中国味道"大运河"非遗"美食节庆、齐鲁美食节庆、曲山艺海协同联袂表演，以及"华服之美""非遗"类服装展示及其他系列活动。同时，展会上还举行了一系列的学术讨论，为"非遗"保护提供了新的思路和方法。

精彩的"非遗"项目吸引了大众的广泛参与，也吸引了更多人关注。博览会举办 5 天时间内，共有近 10 万人参与线下活动，直播观看、话题互动、媒体阅读等线上参与人次累计 1.48 亿，多方媒体给予关注报道。以"非遗"博览会为契机，山东不断强化"非遗"凝聚人心的作用，满足人民日益增长的美好生活需要，也为"非遗"保护传承注入强大动力。

二、让"非遗"贴近百姓生活

山东地域文化在齐鲁文化和儒学文化的双重影响下，形成了一条独立的文化脉络。山东非物质文化遗产资源十分丰富，具有良好文化交流基础和推动力。山东以丰富多彩的主题活动为载体，扩大非物质文化遗产与人民群众的联系，使非物质文化遗产更贴近人民、更贴近人民。

在 2022 年年初，一项网络活动让新年的氛围更加浓厚。山东省 2022 年"文化走万家——电视直播家乡年"活动，由"非遗"保护单位、"非遗"传承人、文博单位等组织，通过电视直播平台上传视频，开展电视直播。活动中，有些人讲述了自己生活中的传统习俗，有些人展示了"非遗"类的技艺，受到广大网民的热情和支持。在多个平台上，关于"山东非遗年味"的话题，共有近 4000 条视频，总点击量超过 4.4 亿次。

在山东省的"非遗"月期间，各种形式的宣传和展示活动如火如荼地展开，全省范围内的"非遗"宣传和展示活动超过 500 个。在 2022 年世界自然遗产日，全省将有 650 个"非遗"项目进行宣传、展示。山东"非遗"购物节是一项重要的活动，线上线下共有 3959 个商户参加，12390 个品种的商品参与销售，销售额达 3792 万元。网络直播成为非常有效的推广方式，在这 865 次的网络直播中，观众达到了 2030 万人次，交易额达到了 732 万元。通过这些活动，"非遗"产品不仅拓宽了市场，而且产生了一定的经济效益，促进了"非遗"产业的健康发展。

同时，山东省还将举办一系列的展示会，让更多的"非遗"产品"走出"家门，接触到更多的人。在 2022 山东省旅游发展大会上，举办了"济宁好礼山东手造"文创旅游商品展览，展示了"山东手造"的文创产品、"非遗"产品和旅游商品等。在"新疆是个好地方"十九省市援疆"非遗"大展上，鲁绣、锡雕、淄博周村烧饼工艺等传承人进行了现场展示和交流。同时，举办"琉光璃彩"山东（淄博）玻璃精品展、"百草可染，二十四节气的色彩"草木染色展，让广大市民有机会近距离接触传统文化。

三、丰富"非遗"保护工作内容

通过各种形式的活动，山东省描绘出一副提升"非遗"保护质量的美好图景。同时，政策的持续推进为未来的发展指明了方向。2022年，山东发布了《关于进一步加强非物质文化遗产保护的若干措施》，提出要创建山东非物质文化遗产保护特色品牌，建立健全非物质文化遗产保护体系，提升非物质文化遗产活动质量，加大非物质文化遗产传播弘扬力度，强化各项保障措施等，对"非遗"保护工作中的"体系建设、传承水平、传播普及"三个核心内容展开了全面部署。

《"非遗工坊"认定和管理办法》的制定，对"非遗工坊"的认定条件、认定程序、支持政策等进行了详细的规定，使"非遗工坊"得以规范发展。到目前为止，全省共有1208家省级以上的"非遗工坊"和620家市级的"非遗工坊"，拥有超过70000名的"非遗"工匠。一批以手工制作和加工制造为主的"山东手造"特色产品正逐步向公众展示，并出现了一批具有鲜明特色的"领头羊"，如平度草编"非遗工坊"、莒绘"非遗工坊"等，带动了当地群众就近就业，使非物质文化遗产的保护和传承工作得到了持续的激活，为人民群众的美好生活建设贡献了力量。

"非遗"的研究结果，既可以丰富学科的内涵，又可以为"非遗"的发展指明方向，为其在实践中所面临的问题提供指引。在众多的"非遗"传承活动中，我们看到了山东民间对"非遗"理论的探索与研究。2022年，山东在大专院校和科研院所建立了37个省级"非遗"科研基地，对"非遗"进行理论研究的队伍日益壮大。

参考文献

[1]李江敏.中国旅游与非物质文化遗产[M].武汉：武汉大学出版社，2017.

[2]陈华文.非物质文化遗产研究集刊 第9辑[M].杭州：浙江工商大学出版社，2016.

[3]陈华文.非物质文化遗产研究集刊 第12辑[M].杭州：浙江工商大学出版社，2019.

[4]刘正宏.非物质文化遗产数字化应用与教育化传承研究[M].北京：中国轻工业出版社，2018.

[5]刘守华.非物质文化遗产保护与民间文学[M].武汉：华中师范大学出版社，2014.

[6]周耀林.非物质文化遗产档案管理理论与实践[M].武汉：武汉大学出版社，2013.

[7]廖嵘.非物质文化景观旅游规划设计理论与实践[M].重庆：重庆大学出版社，2010.

[8]白慧颖.知识经济与视觉文化视野下的非物质文化遗产保护与开发[M].北京：北京理工大学出版社，2012.

[9]刘正宏."非遗"文化创新实战与应用[M].北京：中国轻工业出版社，2018.

[10]王媛.非物质文化遗产的文化认同问题研究 基于中国经验分析[M].上海：上海交通大学出版社，2021.

[11]高艳芳.新世纪以来中国非物质文化遗产研究的转向与成因[J].理论月刊，2023（3）：83—91.

[12]郑炜楠.我国非物质文化遗产政策量化研究[J].图书馆论坛，2022（8）：

62—69.

[13]王霄冰.非物质文化遗产保护标准若干问题探析[J].文化遗产，2022（5）：1—9.

[14]邓启耀.非物质文化遗产保护的多重真实、多维整体与多脉传承[J].文化遗产，2022（3）：1—7.

[15]解梦伟，侯小锋.非物质文化遗产数字化传播的反思[J].民族艺术研究，2021（6）：139—145.

[17]梁爽，周敏，周橙旻，朱剑刚，徐静.非物质文化遗产可持续发展的严肃性及娱乐性[J].家具与室内装饰，2022（4）：50—54.